Nick Kolenda
ニック・コレンダ
山田 文 訳

人を操る説得術」

7 STEP
ステップで
誰でもあなたの思いのまま

of Pe
How to Use
to Influence Hum

Methods of Persuasion:
How to Use Psychology to Influence Human Behavior

by Nick Kolenda

謝辞

研究者というのは不幸な人種だ。人間の行動をよりよく理解しようと身を粉にして働いているのに、ほとんどは世に知られることがない。

論文をたくさん書かなければならないという重圧とともに、評価されるためには、一般家庭ではまずお目にかからないトップレベルの学術誌に論文を載せなければいけない、というプレッシャーもある。一般の読者に向けて本を書くような研究者は、裏切り者と見なされることすらある。こういった不幸な状況から、ほとんどの研究者は無名の存在のままだ。

だからこそぼくは、人間の行動をよりよく理解しようと力を尽くしているすべての研究者に謝意を表したい。とりわけ、この本を書くにあたってぼくの興味を刺激してくれた研究者にお礼を言いたい。ロバート・チャルディーニ、ダニエル・カーネマン、ダン・アリエリー、ジョン・バー、ギャバン・フィッツサイモンズ、リチャード・ペティ、ジョン・カシオポ、レオン・フェスティンガー、アプ・ディクステルホイス、そのほか大勢の人たち。こういった人たちの研究は真の意味で革命的であり、認められ賞賛されるべきものだ。

はじめに

当ててみよう。あなたは、謝辞を飛ばして直接この前書きを読みはじめたのではないだろうか。たいていの人はそうするにちがいない。あなたもそうしたのなら、謝辞を読んでからここに戻ってきてほしい。

戻ってきた？　よろしい。ぼくの名前はニック・コレンダ。10年間、プロのマインド・リーダーとして活動してきた。超能力をもっているのかって？　そんなわけがない。ただ人の心を読んで、相手の考え方に影響を与える、そのコツを心得ているだけだ。

マインド・リーダーとして公演をするときには、相手に対する「心理的影響」を軸に据えてパフォーマンスを組み立てている。ぼくは10年間で、他人の考えに対して無意識のうちに影響を与える独自の方法を編み出した。これは「マインド・リーディング」とどう関係しているのか。ぼくは相手の考えに影響を与えて、考えを刷り込むのだが、向こうはそれに気づいていない。だから、こちらが相手に刷り込んだことをあとで指摘することで、相手の心を読んでいたということになる。ぼくはこれまでずっと自分の方法を秘密にしてきたが、この本でついに種明かしをすることにした（また、その背後にある心理学もここではあわせて説明しよう）。

とはいえ本書は、ただマインド・リーディングの応用法を解説するだけの本ではない。相手の考えに影響を及ぼす方法だけでなく、心理学を使って相手の行動をコントロールする方法も説明する。マインド・リーダーとしてのユニークなキャリアに加えて、ぼくは大学でマーケティングと心理学を専攻するなかで説得について学んだ経験もある。学生時代、ぼくは人間の行動を導く心理的な力をつきつめるのに夢中だった。たいていの学生は、学術論文など一本読むかどうかもあやしいものだが、ぼくは何千とは言わないまでも、何百もの論文に目を通して人間の行動を導く原理をつきとめようとした。

そのなかで、いくつかの心理的な力が、人間の行動に信じられないくらい強力な影響を与えることがわかった。この原理はあまりにも広く浸透していて、ぼくたち人間のなかに染みこんでいるので、日々、無意識のうちにわれわれの行動を導いている。さらに重要なことに、こういった心理的な力をうまく変えさせる方法がわかれば、人々の行動を自分の思う方向へ導くことができる。

本書では、そういう原理についてみなさんにお伝えできればと思っている。

ニック・コレンダ

目次

謝辞　3
はじめに　4

序――本書の有効な活用法　10

ステップ1
認識を形づくる　15

1　思考モードをプライミングする　17
2　認識をアンカリングする　38
3　高い期待をもたせる　61
現実世界への応用①　家族旅行【第1話】　79

ステップ2
行動と一致した態度を引き出す 81
4 ボディランゲージをコントロールする 84
5 行動の整合性をつくりだす 97
現実世界への応用② ユーチューブから本を買わせる 112

ステップ3
社会的プレッシャーを与える 115
6 社会的規範を強調する 117
7 似ているところをはっきりと示す 137
現実世界への応用③ 売上を伸ばす 156

ステップ4
メッセージを定着させる 159
8 繰り返し触れさせる 161

9　否定的なメッセージを感じさせない　174
現実世界への応用④　家族旅行【第2話】　185

ステップ5
メッセージをもっとも効果的に提示する　187

10　相手の評価を変える　190
11　メッセージを調整する　209
現実世界への応用⑤　上司を感心させる　226

ステップ6
モチベーションをさらに高める　229

12　適切なインセンティブを提供する　231
13　制限することで動機づけする　248
現実世界への応用⑥　オンラインでTシャツを販売する　268

ステップ7
影響を持続させる 271
14 好ましい連想をつくりだす 273
現実世界への応用⑦ 家族旅行【第3話】 295
終――まとめ 297
参考文献

序——本書の有効な活用法

人間は操り人形だ。ひとりひとりにたくさんの糸がついていて、ある方向に引っ張られると、糸に導かれて気づかないうちに行動がそちらへ向かう。つまり、糸を操る方法がわかれば、相手の行動をコントロールすることもできる。この本では、どうやって糸を操ればいいのかを解説する。**本書は、操り人形人間であふれている世界のなかで、うまく（また倫理的に）操り人形師になる方法を伝授する。**

ぼくはマインド・リーダーであるとともに心理学の研究者でもあるという一風変わった経歴をもっている。だから、あなたが手にしているこの本はかなりユニークだ。説得について書かれたほかの本との大きな違いがひとつある。たいていの本は、単純にいろいろな戦術をリストにして示し、読者が自分で選んでそれを使えるようにしている。

ところが、本書では、説得術を7段階からなる時系列のプロセスにまとめている。だれかを説得して何かをしてもらおうと思ったら、本書で示す段階をそのとおりに踏んでいけば目的を達成することができる。本書のなかから好きな戦術を選び、それだけを使って説得を試みてもらうこともできなくはないが、このステップ・バイ・ステップの手引きに従っていれば、間違いなく正しい方向へと導かれていく。

このステップ・バイ・ステップの説得術は、各ステップの頭文字をつなげるとMETHODS（方法）となるようにできている。METHODSはこんな構成である。

【ステップ1】認識を形づくる（**M**old Their Perception）
【ステップ2】行動と一致した態度を引き出す（**E**licit Congruent Attitudes）
【ステップ3】社会的プレッシャーを与える（**T**rigger Social Pressure）
【ステップ4】メッセージを定着させる（**H**abituate Your Message）
【ステップ5】メッセージをもっとも効果的に提示する（**O**ptimize Your Message）
【ステップ6】モチベーションをさらに高める（**D**rive Their Momentum）
【ステップ7】影響を持続させる（**S**ustain Their Compliance）

シンプルなリストに見えるかもしれないが、これをつくるためにはうんざりするほどの数の心理学文献に目を通した（どうか、巻末の参考文献一覧をご覧いただきたい）。

ぼくがこの本で目指したのは、あなたの本棚にある書籍のなかでいちばんたくさん線が引かれる一冊にしようということだ。くどくどした説明や関係のないエピソードといった無駄なものは、一切ここには含まれていない。できるだけ直接的にポイントを伝えようとした。それと同時に、面白くて夢中になれる読みものにしようと努力した。

本文を読みはじめる前に

METHODSの第一ステップに直行する前に、この本を最大限有効に活用してもらうためにお伝えしておきたいことがある。

「説得」と「操作」はまったく違う

「操作」という言葉は、一般的には「悪意をもってほかの人に影響力を行使する」という意味で使われる。そこでは、嘘やごまかしといった、いかがわしい、あるいはあからさまに非倫理的な手段が用いられる。「説得」という言葉も「操作」と同類と見なされることがあるのはとても残念だ。というのも、このふたつの言葉はまったく異なる意味をもっているからだ。

この本で紹介する戦術は、倫理的でも非倫理的でもない。あなたがその戦術をどう使うかによって変わるからだ。道徳的な考えをもつよう「説得する」のはぼくの仕事ではないが、他人を操作するために本書の戦術を悪用するのだけはやめてほしい。ここで紹介する原理は強力なので、相手への適切な心配りをもって使用してほしい。ほんとうに相手のためになる場合以外は、何かをするよう説得すべきでは絶対にない。

定義

この本では、説得しようとする相手のことを「ターゲット」と呼ぶ。たとえば、推薦状を書いてもらうよう上司を説得するとしたら、その上司が「ターゲット」だ。

また、だれかを説得して特定の行動をとらせようとする行為を「リクエスト」と呼ぶ（たとえば、推薦状を書いてもらうこと）。そして、説得のために使うものを「メッセージ」と呼ぶ（たとえば、上司へのメール）。ただし、「リクエスト」と「メッセージ」はほぼ同じ意味で使うこともある。

最後に、この本で紹介するテクニックのほとんどは「無意識」のうちに影響を与えようとするものだ。つまり、相手は行動を導く原理に気がついていない。この本で「無意識」という言葉を使うことにしたのは、「潜在意識」という言葉だと、脳のどこかにそのプロセスを担う場所があるという印象を与えるからだ（実際にはそんな場所はない）。「無意識」という言葉であれば、そういう印象を与えないですむ。ただ意識の外部で起きることすべて、という意味しかない。

章の構成

本書は7部に分かれていて、各部がＭＥＴＨＯＤＳのそれぞれの段階に対応している。各部はいくつかの章で構成され、ステップの目的を達成するための心理学のさまざまな原理を説明する。

また各章は、ほぼ同じ構成になっている。まず背景となる原理を説明し、それがいかに日常生活に影響を及ぼしているかを示す。続いて心理学の研究事例を紹介しながら、なぜその原理が強力なのかを解説する。章の最後では、原理を説得に応用するためのさまざまな戦術を示す。

明確で手短かな本にしたいのであれば、なぜ、背後にある心理学まで説明する必要があるのか、応用法だけに集中したほうがわかりやすい本になるではないかと思われるかもしれない。理由はふたつある。第一に、原理を支える研究を参照することによって、応用法がいかに効果を発揮するのかをよりよく理解してもらえると思うからだ。第二に、さらに重要なことだが、「どのように」をきちんと利用しようと思ったら、「なぜ」を理解しておく必要があるからだ。背後にある心理学を理解すれば、例として挙げているテクニックだけでなく、自分で説得の応用法や戦術を考えることもできる。中国にはこんなことわざがある。「魚を一匹与えたら、一日分の食料になる。魚の釣り方を教えたら、一生食うに困らない」

ステップ 1

認識を形づくる

Mold Their Perception

リクエスト前	**ステップ1**	**M**	**認識を形づくる**
	ステップ2	E	行動と一致した態度を引き出す
	ステップ3	T	社会的プレッシャーを与える
	ステップ4	H	メッセージを定着させる
リクエスト中	ステップ5	O	メッセージをもっとも効果的に提示する
	ステップ6	D	モチベーションをさらに高める
リクエスト後	ステップ7	S	影響を持続させる

ステップ1のあらまし

「認識を形づくる」とは？

現実は客観的だが、現実の見方は主観的である。どういう意味だろうか。人間を取り巻く現実はひとつしかないが、その現実をとらえて解釈するやり方は人によって違う。要するに、人間のものの見方はレンズのようなもので、それを通して現実を解釈する。そのレンズを変える方法がわかると、現実の解釈も変えることができる。

この話は、だれかを説得するときに犯してしまいがちなミスにも通じている。こちらのリクエストに応じてもらうよう説得するとき、たいていはいきなりリクエストを始め、そこに至るまでの段階でとれる戦術を考えない。相手を従わせようとしつこく説得を試みる一方で、心理学的な戦術を使えばリクエストに対するターゲットの見方を変えられることをわかっていないのだ。

したがって、ステップ1の各章では、われわれ人間が周囲の世界を認識するときのレンズを変える方法を説明する。そのうえで、相手の認識を形づくって、こちらにとって望ましい方向へと導く方法を示したい。レンズを変えれば認識が新しくなるので、そのあとに使う説得術がさらに強力な効果を発揮する。1章ではまず、人間の認識を決定しているもっとも大きな要素のひとつである、現在の思考モードについて説明する。

1 思考モードをプライミングする

おかしなことを言うと思われるかもしれないが、「幸運のこびと」について考えてみてほしい。考えてくれただろうか。よろしい。それでは、直感で1から10までのうちの数字をひとつ挙げてほしい。いますぐ！　最初に思い浮かんだ数字から変えないこと。

あなたはどの数字を思い浮かべているだろうか。絶対とは言えないが、おそらく「7」を思い浮かべているのではないだろうか。もし実際に7を思い浮かべていたとしても、どうか動揺せずに安心してほしい。この章では、どうしてこういうことが起きるのか、その背後にある心理学の原理を説明する。とりわけ、なぜ「幸運のこびと」が「7」という数字を思い浮かばせるのか、それを解説してこの原理を実際の生活でどう活かせばいいのか、実践的テクニックを示したい（こびとのことを考えさせる、などというテクニックではないのでご心配なく）。

思考モードがもつ力

こびとの種明かしをする前に、もうひとつ別の問題を試してみよう。今度はあなたのお母さんのことを考えてほしい。いつものお母さんのことを、1秒か2秒ちょっと思い浮かべて、頭から消してもらえればいい。

では、マークという大学生について書かれた次の文章を読んで、頭のなかで、彼のやる気に1から9までのあいだで点数をつけてもらいたい。1が最低で9が最高だ。

マークは大学2年生になったばかりだ。1年生のとき、とてもいい成績をとった科目もあれば、そうでもなかった科目もある。朝の授業をいくつか欠席はしたものの、全体的には出席率はとてもよかった。両親はふたりとも医者で、マークも医学部進学課程に登録はしているが、これがほんとうにやりたいことなのか、まだ決められずにいる（Fitzsimons & Bargh, 2003, p. 153）。

点数をつけてもらえただろうか。気づいたかもしれないが、ここに書かれているマークについての情報は、すべてとてもあいまいだ。肯定的にも否定的にもとらえることができる。実験者は、わざとあいまいな情報を示すことによって、思考モードがいかにマークに対する評価を変えるのか調べようとしたのだ。

ある特定の思考様式をもたせるために、被験者には事前に実験とは〝関係のない〟アンケートに答えるよう依頼していた。親友についてのアンケートに答えた人と母親についてのアンケートに答えた人がいる。

あなたがマークのやる気につけた点をまだ覚えているだろうか。実験では、親友についてのアンケートに答えた人がつけた点の平均は5・56だった。あなたの評価はそれよりも高かっただろうか。研究結果によると、母親についてのアンケートに答えた人のほうがマークのやる気をかなり高く評価した（Fitzsimons & Bargh, 2003）。

なぜ、アンケートによってマークに対する認識に違いが生じるのか。提示された情報は同じなのだから、理屈で考えればどちらも同じような点数をつけるはずだ。母親についてのアンケートにはどのような力があったのか。どうしてマークに対する評価が変わったのだろう。

通常、われわれはやる気や成功を目指す気持ちを、親友よりも母親と関連づける。成功を求めるのは、多くの人にとっては母親を喜ばせたいからだ。だから、母親についてのアンケートに答えた人は、やる気という概念に意識が向き、それが頭のなかで大きな位置を占めていた。目の前にある客観的な現実は変わらなくても（つまりそれぞれのグループに提示された情報は同じでも）、「母親」が、このあいまいな情報を理解する際のレンズになったのだ。次に、なぜそうなるのか説明し、「幸運のこびと」が7という数字を思い浮かばせる理由を解説しよう。

なぜ思考モードはそれほど強力なのか

なぜ思考モードにこれだけの力があるのか。それを理解するには、まず3つの概念を理解しなくてはならない。

スキーマ

どのような概念でも、たいていほかの考えと結びついている。たとえば、「母親」という概念も、関連するさまざまな概念とつながっている。「やる気」もそのひとつだ。

さらに言うなら、「スキーマ」と呼ばれる概念の結びつきが活性化すると認識や行動に変化が生じることがある。というのも、そこに関連づけられている考えが頭のなかでより大きな位置を占めるようになるからだ（たとえば、「母親」のスキーマが活性化すると、「やる気」という考えが前面に現れてきて、マークに対する評価に影響を与える）。

スキーマは、「やる気」などの肯定的な認識につながることが多いが、「固定観念」などの否定的な認識につながることもある。たとえば、あなたのスキーマのなかでは、おそらく「アジア系の人」と数学スキルの高さが関連づけられている。すると、たとえアジア系の人がほんとうに数学に秀でているとあなたが信じていなくても、ただこの結びつきがあるだけで認識と行動に影響が及ぶ。

ハーバードの研究者が実験によってこれを検証している（Shih, Pittinsky, & Ambady, 1999）。その実験が巧みなのは、アジア系アメリカ人女性という、ふたつの相反する固定観念と結びついたアイデンティティをもつ人たちを被験者に選んだ点にある。一方で、アジア系は数学が得意だという固定観念がある。他方で、女性は数学が苦手だという固定観念もある。研究者が確認しようとしたのは、この矛盾するふたつのスキーマをそれぞれ意識させることで、数学テストの結果にどのような影響が出るかという点だった。

テストを受ける前に、アジア系アメリカ人女性はふたつのグループに分けられ、それぞれアンケートに答えた。片方のグループは、性別に関することを尋ねられる（たとえば、住んでいる寮のフロアは男女混合か、あるいは女性専用かなど）。もう片方のグループは、人種と文化的伝統のことを尋ねられる（話せる言語は何か、家ではどの言語を使っているのかなど）。このようにして、ひとつのグループは「女性」のスキーマを意識させられ、もうひとつのグループは「アジア系」のスキーマを意識させられた。そしてこういった質問とはまったく関係ないふうを装って、数学のテストが配られた。その結果がどうなったかは想像してもらえるだろう。

アジア系のスキーマを意識させられた女性たちは、対照群（どちらでもない中立的な質問をされた女性たち）と比べて、かなり成績がよかった。そして女性のスキーマを意識させられた人たちは、対照群と比べて、かなり成績が悪かった。特定のスキーマと結びついている考えは、たとえその結びつきをわれわれが信じていなくても、それが活性化すると、われわれの認識と行動に影響を及ぼすということだ。

では、そもそもスキーマはどのように活性化されるのだろうか。その答えは、「プライミング」にある。

プライミング

「プライミング」（ある考えを呼び起こすこと）は、スキーマあるいは思考様式を活性化させる手段である。先に見た固定観念の実験では、「プライム」（きっかけになる刺激）となったのはアンケートだ。アンケートに答えることによって、アジア系のスキーマあるいは女性のスキーマが活性化された。

それでは、スキーマを意識させるには、アンケートに答えてもらわなければならないのだろうか。そんなことはない。さいわい、もっと簡単なやり方がたくさんある（アンケートを使いたければ、もちろんそれでもかまわない）。

アンケート以外にはどういったプライミングの方法があるのか。研究によると、あるスキーマを活性化させるためには、そのスキーマと関係する言葉や概念に触れさせるだけでいい。例を挙げて説明しよう。

ある実験では、単語パズルに取り組むように思い込ませて、老人を連想させる言葉（「ビンゴ」や「智慧」、「引退」、「フロリダ」など）に被験者を触れさせた（Bargh, Chen, & Burrows, 1996）。実験が終わったと告げられて被験者たちが部屋を出るとき、何が起きたかわかるだろうか。驚くべきことに、老人に関係する言葉に触れた被験者たちは、対照群よりもかなりゆっくり歩いていたのである。こういった単語が老人と関連したスキーマをプライミングし、ゆっくり歩くという老人と連想される行動を活性化させたのだ。

プライミングが起きるのは言葉に触れたときだけではない。完全に無意識のうちに起きたプライミングも同じく効果がある。ほかの実験では、被験者にアップル社とＩＢＭ社のロゴを見せた。アップルは非常にクリエイティブな印象のある企業であり、他方のＩＢＭはクリエイティブさを感じさせない普通の企業だ。ロゴはわずか０・０１３秒しか示されないため、被験者はロゴを見たことを意識上では認識していない。にもかかわらず、アップルのロゴを見せられた被験者は、ＩＢＭのロゴを見せられた人よりも高い創造性を見せた（Fitzsimons, Chartrand, & Fitzsimons, 2008）。

創造性をいったいどのように測定したのだろうか。ロゴを使って意識下でプライミングをしたのち、普通とは違うレンガの使い道をできるだけたくさん挙げるよう被験者に求めたのだ。そう、レンガだ。馬鹿げた実験だと思われるかもしれない。しかし、アップルのロゴを見せられた被験者のほうが、ＩＢＭのロゴを見せられた被験者よりもはるかにたくさんの使い道を挙げた。数だけでなく、使い道の内容もよりクリエイティブだった。このように、プライミングは無意識のうちになされたものでもきわめて大きな効果がある。

ここまでで、特定のスキーマをプライミングすることで認識や行動に影響を与えられることは理解していただけただろう。しかし、なぜこんなことが起こるのだろうか。その答えは「活性化拡散」にある。

活性化拡散

人間の脳には「意味のネットワーク」がある。つまり生まれてからこれまでに学んできたことをすべて含む、知識の巨大な網の目である。ネットワークに含まれるひとつひとつの概念は「ノード」（節点）と呼ばれ、関連するほかの概念と結びついている（関連が強いほど結びつきも強くなる）。この結びつきがあるため、意味ネットワーク上のひとつのノードが（なんらかのプライムによって）活性化すると、それと結びついたほかのノードもすべて活性化するのである。これが「活性化拡散」と呼ばれる原理だ（Collins & Loftus, 1975）。

この章のはじめに触れた、「幸運のこびと」のことを覚えているだろうか。なぜ「幸運のこびと」と聞くと「7」の数字を思い浮かべがちなのかについては、この「活性化拡散」で説明することができる。数字の「7」は意味ネットワーク上に存在するひとつの概念、つまり「ノード」であり、ほかのノードと結びついている。たとえば、7つの大罪や炭酸飲料のセブンアップ、世界の七不思議といったほかの概念と結びついているのだ。ではなぜ「幸運のこびと」が「7」という数字を活性化させるのか。7と結びついたふたつの概念が組み合わされているからだ。「ラッキーナンバー7」と、「白雪姫と七人のこびと」だ。

このふたつの概念と数字の7が脳内の意味ネットワーク上で結びついているため、これらの概念が話のなかに出てくると、活性化拡散が引き起こされるのである。このふたつのノードが活性化すると、数字の「7」のノードへと活性化が拡散して無意識のレベルで数字の「7」がより前面に押し出される。それで、はじめに頭に浮かんだ数を挙げるようにと言われると、「7」と答える可能性が高くなる。思い浮かべやすい状態になっているからだ。

「7」を選ばせる可能性をさらに高めようと思ったら、「7」を連想させるほかの言葉をさりげなく聞かせておくといい。「大罪」や「サイダー」などだ。こういった言葉が、「7」のノードと結びついた言葉をさらに活性化させ、活性化拡散を強める。この章の最後では、ぼくがこれを実際にマインド・リーディングにどのように応用しているのかを説明する。

しかしその前に、まず「スキーマ」、「プライミング」、「活性化拡散」を活用して、ターゲットの思考モードをこちらに望ましいものに変える方法を説明しよう。

説得の戦術

思考モードをプライミングする

すでに、特定のスキーマをプライミングすることによって、活性化拡散が引き起こされることを説明してきた。ここでは、ターゲットの頭のなかで活性化させることであなたに有利になるスキーマについて触れながら、さらに議論を広げていきたい。

認識をプライミングする

われわれの世界認識は、かなりの部分、周囲にあるプライムによって決定されている。たとえば、広告のことをよくわかっている人は、いつどこでテレビCMを流すのがもっとも重要か理解している。プライミング効果のためだ。CMが始まる前に見た最後のシーンが、何らかのスキーマを活性化させてCMの見方にまで影響を及ぼす。「母親」のスキーマが活性化されることであいまいな状況を解釈する際に影響を受けたように、CMの直前のシーンがCMの見方に影響を与えるのだ。

テレビドラマ『グレイズ・アナトミー』について考えてもらいたい。CMの前は、たいてい重苦しく緊迫した場面で終わる。たとえば感じのいい主人公が、がんにかかっていて余命3か月だと告知を受ける。そしてコマーシャル。

この直後にCMを流すのは、最悪のマーケティング戦略だ（売りたいものが生命保険なら、おそらく話は別だが）。「古典的条件づけ」（14章で説明する）が働いて、視聴者がこの重苦しい雰囲気を商品と結びつけてしまうからだ。さらに広く見れば、重苦しいシーンが悲しさや絶望感といった否定的なスキーマを活性化させ、それを通して視聴者がCMを認識したり解釈したりする。このような否定的な連想や望ましくないスキーマを呼び起こさないように、広告主はマイナスイメージの場面のあとを避け、プラスイメージの場面のあとにCMを流すよう努めるべきである（これについてものちほど説明する）。

プライミング効果は広告以外でも見られる。スピーチをするときや、学校で小論文を書くとき、さらには髪を切ったあとに新しい髪型をパートナーに見せるときなど、ベストのかたちでメッセージを相手に受けとってもらいたいと思う場面は、日常のなかにもたくさんある。ここでは、あらゆる場面で活性化させることができるスキーマと、状況によって活性化させられるスキーマを紹介しよう。

標準的なスキーマ

ターゲットにより柔軟なものの見方をさせようと思ったら、単純に「柔軟性のスキーマ」をプライムすればいい。「柔軟」「弾力」「ゴム」「変化」といった、柔軟性と結びついた言葉に触れさせるだけで、柔軟なものの見方をさせられることがわかっている（Hassin, 2008）。とても簡単だ。

さらにいい知らせがある。「こちらは柔軟に対応できます」などと言ってみるのも悪くはないが、もっとシンプルに柔軟性のスキーマを活性化させる方法があるのだ。この章で挙げた研究が示していたように、単にある概念について考えさせるだけで、簡単にスキーマを活性化させられる。柔軟なものの見方を活性化させようと思ったら、柔軟なものの見方の例に触れさせればいい。

単純なテクニックのひとつは、柔軟さを話題にした会話をするというものだ。メッセージやリクエストを示す数分前に、新しいことをやってみたらそれがとても楽しかった、というようなことをさりげなく話す。そんな単純な話でも効果が期待できる。

▼マムフォード・アンド・サンズっていうバンドの曲を聴いたらどうかって薦めてくれたじゃないですか。はじめはあまり好きじゃなかったんですけれども、もう一度聴いてみたら、とてもいいなと思って。

だれかが柔軟に行動したという何の変哲もない話をするだけでもターゲットのスキーマを活性化させるのに役立ち、その活性化が柔軟なものの見方を引き出す。母親のことを考えるとほかの人がやる気があるように見えるのと同じで、柔軟性のことを考えるとそのレンズを通してものごとを見るようになり、柔軟な見方をするようになる。

この会話の例が、あなたの性格や状況に合わなくても心配はいらない。ほかにも使える例はたくさんある。

▼スカイダイビングについてどう思いますか？　友だちのサンドラが、はじめは怖がっていたんですけれども、最近やってみたらすごく楽しかったって言うんです。

▼ナスは好きですか？　友だちのビルはナスが大嫌いだったんです。でも最近、食べてみたら大好きになったって言っています。わたしもナスはそんなに好きなほうじゃないんですが、食べてみようかと思いまして。

▼うちの会社が新しい社員をひとり採用したんです。はじめはあまり好きではなかったんですけど、心を開いて接していたらだんだん好きになってきました。

嘘をつけと言っているわけではない。柔軟な態度をイメージさせる話題を見つけようということだ。話が詳しくて細かいほど、相手のスキーマを強く活性化させることができ、こちらのメッセージをより好意的に受けとめてもらえるようになる。

柔軟性に関係するものが何も思いつかなかったとしても、この考え方は利用できる。あなたの状況に有利になる反応を引き出せるスキーマを活性化させればいい。次にそういったスキーマをいくつか紹介したい。

その他のスキーマ

プライミングの利点は、さまざまな場面で利用できることにある。あなたのリクエストを魅力的に感じさせる効果的なスキーマは、ほかにもたくさんある。活性化拡散を引き起こすことさえできればいいのだから。

たとえば、説得術について本を書いて（そんなダサいテーマで本を書くなんて、どこのどいつだ？）、販促のために雑誌に広告を載せるとする。打ち合わせのときに、雑誌の編集者あるいは広告担当者にその雑誌にどんな記事が掲載されているのかを尋ねると、最近のベストセラー作家へのインタビューがあるのがわかった。

説得のプロであるあなたは、けっして好機を逃さない。そのインタビュー記事が、「ベストセラー」のスキーマを読者のなかで活性化させるはずだ。全面広告をそのすぐあとのページに載せることにする。読者は、インタビューされている著者とあなたは別人だと意識上ではわかっている。しかし「ベストセラー」のスキーマが活性化しているので、あなたの本のこともより好意的に受けとめる。その結果、適当な場所に広告を載せるよりも多くの人に本を買う気になってもらえる。

行動をプライミングする

認識を変えるだけでなく、リクエストに実際に応じてもらうにはどうすればいいのだろうか。行動に影響を与えようと思ったら、柔軟性をプライミングするだけでは目的は果たせないかもしれない。あきらめるしかない？　いや、そんなことはない。ほかの思考モードをプライムすればいいだけだ。

覚えているだろうか。老人に関係する言葉が老人のスキーマを活性化させて、被験者はゆっくり歩くようになった。多くの実験によって、ほかにもさまざまな行動がプライミングによって引き起こされることがわかっている。下の表に、興味深い研究結果をまとめた。これを見ると、プライミングが無限の可能性を秘めていることがわかるだろう。

行動へのプライミング効果

思考モード	プライム	結果
礼儀正しさ＊1	礼儀正しさと関係する言葉に触れる（尊敬、名誉、思いやりなど）	実験者の話を遮るまでがまんする時間がかなり長くなった
友情＊2	友だちについてのアンケートに答える	実験後のフォローアップ実験を手伝う可能性が高くなった
知性＊3	大学教授についての小論文を書く	「トリビアル・パスート」（一般知識などを問うボードゲーム）で、より多くの問題に正解した
清潔さ＊4	シトラスの香りがついた万能洗剤のにおいをかぐ	食事後のテーブルがよりきれいになった
罪悪感＊5	罪悪感に関係する言葉に触れる（有罪、悔恨、罪など）	キャンディを買う可能性が高まった（「後ろめたい喜び」のため）

＊1（Bargh, Chen, & Burrows, 1996）、＊2（Fitzsimons & Bargh, 2003）、＊3（Dijksterhuis & van Knippenberg, 1998）、＊4（Holland, Hendriks, & Aarts, 2005）、＊5（Goldsmith, Cho, & Dhar, 2012）

ここでも標準的なスキーマと、状況によって使えるその他のスキーマをいくつか紹介したい。

標準的なスキーマ

こちらの言うことに従ってもらうためには、どのようなスキーマが役立つのだろうか。先に紹介した会話のテクニックをここでも使うことができる。ただし気持ちの柔軟性にかかわる話題ではなく、何かに従うことに関係する話をするほうがいい。だれかがだれかのリクエストに従ったという話をすれば、「相手に従う」というスキーマをターゲットのなかで活性化させることができる。すると、それと連想される行動をとるようになる。つまり、こちらに従うようになるのだ。

ほかにも、研究によって効果が示されている標準的なスキーマがある。「手助けをする」というスキーマだ。「手助け」に関連する言葉に接すると、実験終了後、実験者がものを落とすと拾ってくれる被験者が多かったという（Macrae & Johnston, 1998）。表にあるように、「礼儀正しさ」（Bargh, Chen, & Burrows, 1996）や「友情」（Fitzsimons & Bargh, 2003）のスキーマを活性化させることによっても同じような効果が見られる。

最後にもうひとつ、ほぼどんな状況でも活性化させられるスキーマがある。ごく普通の社会習慣に関係したものだ。ヒントを出そう。年に一度だけやってくるもの。わからない？　誕生日だ。大昔から、「贈り物」は誕生日のスキーマと密接に結びついてきた。したがって、誕生日のスキーマを活性化させれば、「贈り物」を連想させる行動を呼び起こす可能性が高くなる。

動画を撮ったのでたくさんの人に見てもらいたい。こんなとき、この「誕生日」のテクニックを使えば、フェイスブックで多くの友人にシェアしてもらう可能性を高めることができる。

具体的にはどうすればいいのだろう。フェイスブックに動画を載せてシェアしてくれるよう頼む前に、プロフィール写真を変えるのだ。誕生日に自分がケーキを切っている写真にする（どんなに昔のものでもかまわない）。その写真を見せることで誕生日のスキーマが活性化され、同時に贈り物をするという考えも活性化する。贈り物をするという考えが活性化されると、今度はビデオをシェアしてほしいといったお願いを聞かなければ、というプレッシャーをより強く感じることになる。

こんなに単純なテクニックでほんとうにたくさんの人に動画を見てもらえるのだろうか。ぼくは、まさにこのテクニックを自分のユーチューブ動画に使ってみた。「Chat Roulette Mind Reading - Part 1」という動画だ。その結果、驚くほど多くの友だちがフェイスブックでシェアしてくれ、この動画は1週間のうちに100万回近く再生された。もちろんほかにもいろいろな要素が絡んではいるのだろうが、プロフィール写真を変えたのがマイナスにならなかったのはたしかだ。

また、こういったプライミングの効果は無意識のうちに生じていることが多い。ぼくがバースデーケーキを切っている写真を見て、「ああ、ニックの誕生日なのか。何かしてあげないと。そうだ、動画をシェアしよう」などと考えてもらう必要はない。さらに言うなら、プロフィール写真に気づいてもらう必要すらない。アップル社のロゴが無意識のレベルで創造的な行動を引き起こしたのと同じで、誕生日に関係した写真を無意識に目にしていたら、それだけで贈り物をする行動が引き起こされることもある。動画をシェアしなければという気持ちに駆られるが、なぜなのかはわからない。これがプライミングのすごいところだ。

その他のスキーマ

あなたは学校の教師だ。生徒たちがうるさいので行儀よくさせたい。どうすればいいだろうか。「贈り物」とはまた別の社会規範を利用するのもひとつの手だ。図書館では静かにするという規範だ。ある実験で被験者は、図書館の写真を見せられてプライミングされ、これから図書館に行くと告げられた。その結果、被験者は「静けさ」と関係する言葉（「静か」「静寂」「平穏」「囁き」など）をよりすばやく認識するようになっただけでなく、図書館にいるときのマナーに合った行動をとるようにもなった。駅の写真を見せられてプライミングされた人よりも図書館の写真を見せられた人のほうが、より小さな声で話したのだ（Aarts & Dijksterhuis, 2003）。

生徒たちの行儀をよくさせようと思ったら、同じようなことを試してみるといい。図書館の写真を教室に飾っておくことで、図書館のスキーマを生徒のなかでプライミングさせ、図書館で求められる行動（つまり、静かでいること）をとらせることができるかもしれない。子どもを説得するのはとてもむずかしいが、この戦略を本書で紹介するほかのテクニックと組み合わせて使えば、生徒を静かにさせることができるだろう。

プライミングが応用できる場面は無限にある。メッセージを受け入れるよう、あるいはリクエストに従うようだれかを説得するときには、有利な結果を導き出すために活性化できるスキーマをつねに考えるようにしたい。このシンプルなテクニックが、ターゲットをこちらに従わせるためのさらなるひと押しとなる。

マインド・リーダーの視点

プライミングを使っていかに心を読むか

ぼくは若いときにマジックショーを始めたが、自分のことをマジシャンだと言いたくなかった。「マジシャン」というと、タキシードを着たへんてこなやつがシルクハットからウサギを出すようなイメージがあるので、それが気にくわなかったのだ（ぼくはたしかにへんてこなやつかもしれないが、タキシードはもっていないし、ウサギ・アレルギーだ）。

ぼくはいま、「マインド・リーダー」としてパフォーマンスをしているが、「超自然的現象」といったものは一切使っていない。実際、「心を読む」にはたった3つの方法しかない。次のどれかだ。

①マジックあるいはインチキ（手先の早業など）によって、相手が考えていることがわかると

見せかける。

②ボディランゲージや言葉以外の行動、そのほか一般的なヒントから、相手の考えていることを推測する。

③特定のことを考えるように無意識のうちにプライミングして、それから〝心を読む〟。

ぼくが使うのはおおむね3番目の方法だが、効果を高めるために1番目と2番目の方法も使うことがある。

3番目の方法を使って、無意識のうちに相手に何か（「イースターのウサギ」でも「オレンジ色」でも「ケーキ」でも何でもいい）を考えさせるときには、特定の考えをプライムさせるキーワードをこっそりセリフのなかに忍ばせておく。この章の冒頭で、数字の「7」を思い浮かばせる例を示した。もうひとつ例を挙げてみたい。ここでも、いちばんはじめに思い浮かんだものを答えてもらいたい。畑の野菜をひとつ思い浮かべてほしい。

思い浮かべているだろうか。キーワードを潜ませることで、ある考えをプライミングする方法を説明している最中だが、実はいまもキーワードを潜ませてニンジンを思い浮かべるようプライミングをしていた。この節を読み返してもらいたい。ニンジンを連想する言葉を含んでいるのに気づいただろうか。イースターのウサギ、オレンジ色、ケーキ（キャロットケーキ）だ。活性化拡散の原理のとおり、こういった言葉が無意識のうちに「ニンジン」のスキーマを前面に押し出し、すぐに答えを出すよう求められると、脳が活性化されている「ニンジン」を選ぶ可能性が高いのだ。とても興味深い現象である。

2 認識をアンカリングする

次の問いに答えたあと、実際の数字が正確にどれくらいか、当ててみてもらいたい。

- サンフランシスコの年間平均気温は、華氏５５８度（摂氏２９２度）より上か下か。
- トップテン入りしたビートルズのレコードは、10万25作品よりも多いか少ないか。
- 大学教科書の平均価格は、７１２８・５３ドルよりも高いか安いか。

それぞれ正確な数字も考えてもらえただろうか。当ててみよう。あなたが挙げた数字は、もとの数字よりもかなり小さいはずだ。当たり前だろう。ただ、当たり前でないのは、このような馬鹿げた数字であってもあなたの回答に影響を与え、何も基準（アンカー）がないときよりも高い数字が挙げられてしまうということだ（Quattrone et al., 1984）。信じられないなら、友だちに試してみるといい。アンカーとなる数字を示さずに同じ3つの質問をしてみるのだ。おそらく、返ってくる数字はあなたの数字よりも低くなる。

この心理学の原理を「アンカリング効果」という。これは、判断・意思決定の領域で有名な、エイモス・トベルスキーとダニエル・カーネマンというふたりの研究者によって広く知られるようになった（Tversky & Kahneman, 1974）。ふたりの研究結果によると、人間はアンカーからの相対的な距離を意識して何かを判断をする傾向をもっている。

右に挙げた3つの質問でアンカーとして使われていた数字は、要するに一種のプライムだ。それによってあるイメージが頭のなかで活性化され、数字を考えるときに影響を及ぼす。この3つの数がプライミングをして、サンフランシスコのとても暑い日や、トップテン入りを果たしたレコードを数多くもつバンドや、非常に高価な大学教科書のことを考えさせる。こういったイメージが活性化されているので、数字を思い浮かべる際にはそれと矛盾しない数値を選ぶ傾向が強まる。

ただし、この現象の背後には、プライミングだけではなくもうひとつの原理が働いている。アンカリング効果は、「アンカリングと調整ヒューリスティック」とも呼ばれるが、これは、われわれが判断を下す際、何らかのアンカーとの関係で調整をすることが多いからだ。たとえば、華氏558度（摂氏292度）というアンカーを提示されたあとに、サンフランシスコの気温を予測したとき、あなたは、558度（292度）からスタートして、妥当だと思われる温度まで下げていったのではないだろうか。

本章で示すように、こういった「調整（またアンカリング効果全般）」は、非常に不正確であり、場合によっては有害な判断を招きかねない。

アンカーの力

すでにあなたはこの本を1章読んだことになるので、この本の内容がどの程度の質かイメージをもっていただけたと思う。ここまでの印象をもとに答えてほしい。ぼくの次の本を買ってくれる可能性はどれくらいあるだろうか。90％以上だろうか？　どれくらいの可能性で買うか、正確な数字を出してもらいたい。

出してくれただろうか。意識しているかどうかは別として、あなたは90％から出発して、そこから上か下へ数字を調整していった可能性が高い。いずれにせよ、可能性が10％より高いか低いかと問われたときよりも高い数字を出しているはずだ。

ちょっと考えてほしい。今回の数字を考えるとき、あなたはすでにアンカリングのことをおおむね理解していたはずだ。この章の冒頭で説明したのだから。理解していたのなら、90％と言われても、アンカリングを考慮に入れてもっと低い数字を出せたのではないか。たしかにそう思われるかもしれないが、恐ろしいことにアンカリングはきわめて強力なので、わかっていてもやはり影響を受けてしまうのだ。

衝撃的なのは、わざわざアンカリングについて警告をしていたにもかかわらず、それすら無視されるという研究結果があることだ。ウィルソンらはある研究で、電話帳に載っている医者の数を推測するよう被験者に求めた（Wilson et al., 1996）。そして、４桁のＩＤ番号を書いたあとに推測した数字を記すよう指示した。彼らが調べようとしたのは、アンカリングについて警告すると推測結果に影響が出るかということだ。したがって被験者はまず、ＩＤ番号が推測結果に影響を及ぼす可能性があるという警告を受けた。

> 頭のなかにある数字が、このあとの質問への回答に影響を及ぼす可能性があります……。次のページの問いに答える際には、この影響を受けないように気をつけてください。もっとも正確な推測値を出していただきたいのです（Wilson et al., 1996, p. 397）。

驚くべきことに、このようにわざわざ警告を受けているにもかかわらず、やはり被験者は、電話帳に載っている医者の数を推測する際に適当に割り当てられた自分のＩＤ番号から影響を受けていた。アンカリングに強力な効果があるとよくわかっていても、影響に屈してしまうのだ。これほど強力なものがあるだろうか。

なぜアンカーを使うのか

アンカリングがいかにわれわれの判断に影響を及ぼすのか、「プライミング」と「調整」というふたつのメカニズムを見た。では、なぜわれわれは判断を下すときに、アンカーに頼ろうとするのだろうか。ここではそれを説明したい。

正確な判断を下す

おそらく、アンカリングを（意識的にであれ、無意識であれ）使うのは、そうすることによって、より正確な判断が下せるようになると本気で信じているからだ。ここでは、証拠をふたつ挙げて、そのことを証明したい。①正確な判断を下したいという強いモチベーションをもっている人もアンカリングを使うこと、②アンカーが提示されない場合には、しばしば自分でアンカーをつくりだしてそれをもとに判断を下すこと。このふたつだ。

モチベーションが高いときにも起きる

例の電話帳の実験をした研究者たちは別の実験もしている。そこでは、正確な推測値を出すように参加者にインセンティブを与えた。実験への参加者は、正解にいちばん近い数字を出したら50ドルの賞金をもらえると告げられていたのだ。しかし、インセンティブを与えてモチベーションを高めても、結果に違いは見られなかった。関係のないＩＤ番号が、やはり被験者の推測値に影響を及ぼした（Wilson et al., 1996）。

アンカリングが影響を及ぼすのは、電話帳に載っている医者の数を当てるといった些末なことだけではない。重要な決定にも影響を与える。たとえば、アンカリング効果が刑事裁判に及ぼす影響がさまざまな研究で調べられているが、裁判官も判決を下す際にアンカーに無意識に頼っていることが残念ながら明らかになっている。たとえば、法律の専門家に架空の万引きの事例を読んでもらい、その後に適切な保護観察期間を決めてもらうと、検察の求刑がただランダムに決めたものであると知らされていても、その数字に引きずられて判断してしまう。

次に記す検察官からの求刑は、実験のためにランダムに決められたものです。したがって、法律的な専門知識に基づいたものではありません。検察官は、保護観察３か月を求めています

（Englich, Mussweiler, & Strack, 2006, p. 192）。

被告側が１か月、検察側が３か月を求めると、専門家たちが導き出した保護観察期間の平均は４か月となった。他方で、検察の求刑を９か月にすると、専門家が出した回答の平均は６か月となった。数字がランダムなものであるとはっきり知らされているにもかかわらず、２か月もの違いが生じたのだ。

2か月はたいした違いではないと思われるかもしれないが、ほかの研究では数年もの違いが生じた（Pepitone & DiNubile, 1976）。また、サイコロをふたつ振って求刑期間を決めるというように、アンカーがランダムなものであるという点をさらに強調しても、やはりアンカリング効果は見られた（Englich, Mussweiler, & Strack, 2006）。法律家のように高い専門知識をもった人たちでも、判断を下す際にはアンカーから影響を受ける。関係のない数字にほんの少し触れただけで、だれかの人生が永遠に変わってしまうかもしれない。ほんとうに恐ろしいことだ。

人は自分でアンカーをつくりだす

われわれが知らず知らずのうちにアンカーを信じてしまっていることは、「自己発生アンカー」をわれわれが用いる傾向にあることからもわかる（Epley & Gilovich, 2006）。適切なアンカーが提示されていないと、人間は自分のアンカーを探してそれをもとに判断することが多い。このように自分でつくりだすアンカーのことを、「自己発生アンカー」と呼ぶ。

たとえば、あなたが求人に応募するとき、給料の希望額を記入するよう求められたとする。回答に困る質問ではないだろうか。実際には数字を出すにあたっては、次の3段階でアンカリングをする可能性が高い。

①その種の仕事の平均給与額の見当をつける（個人的な経験から、あるいはグーグル検索で）。

②その企業の位置づけを判断する（平均より上か下か）。

③平均給与額からスタートして、企業の位置づけを考慮に入れつつ希望額を調整する。定評のある一流企業であれば、平均額から上へ向かって調整し、そうでなければ下へ調整する。

ここでは、平均給与額が「自己発生アンカー」だと考えられる。給料の希望額を決めるために、自分でつくりだしたアンカーだからだ。

自己発生アンカーは、給与希望額だけでなくさまざまな場面で用いられる。ある研究で被験者は、ウォッカの氷点が何度か答えるよう求められた。ほとんどの人が回答に窮する問題だ。したがって、被験者たちは水の氷点をアンカーとして用いた。水の氷点が摂氏0度だから、ウォッカの氷点はそれより低いはずだと考えて、このアンカーをもとに答えを調整していったのだ（Epley & Gilovich, 2006）。

アンカリングのおかげで、より正確な判断ができることもある。たとえば、水の氷点をアンカーにしてウォッカの氷点を推測するといった場合がそれに当たる。しかし、間違った判断につながることも多い。アンカリングを使う別の理由が強く働いているときには、たいていまずいことになる。人間は、アンカーを使って精神的エネルギーを節約しようともするからだ。

精神的エネルギーの節約

人間は生まれつき怠け者だ。正確な判断を下すつもりでいても、できるだけエネルギーを節約して判断しようとする。残念なことに、アンカーを意思決定の近道として使ってしまうと、たいていの場合、正確な判断を下すといういちばんの目的を達することはできなくなる。

次のふたつが、われわれが近道として使いがちな（そしてまずい判断につながりがちな）アンカリングだ。

妥当と思われる数値

ぼくの次の本を買う可能性がどれくらいか、と尋ねたときのことを覚えているだろうか。この手の漠然とした質問に対して正確な数字を挙げて答えるのはかなりむずかしい。当てずっぽうで答えるのではなく、妥当と思われる可能性の範囲を設けて答えようとするのではないだろうか。

たとえば、50～70％という範囲を設定したとしよう（これが意識的に設定された数字か、あるいは無意識のうちに出てきた数字かは問わない）。もしはじめに提示されたアンカーが90％であれば、正確な数字を考えるにあたっては90％から下へと調整していって、妥当と想定していた範囲のいちばん上の数字（この場合70％）に達したところで止まる。仮にはじめのアンカーが10％だったら、今度は逆に上へ調整していき、妥当と想定していた範囲のいちばん下の数字（50％）に達したところで止まる。覚えておいてもらいたい。アンカリングが不正確な判断につながるのは、アンカーから調整していって妥当と思われる範囲の上限か下限にたどり着いたところで、その数値を結論にしてしまうことが多いからだ（Epley & Gilovich, 2006）。

この原理を裁判に当てはめてみよう。ある犯罪に対する平均刑期が2〜4年だったとする。検察が懲役5年を求刑すると、裁判官は5年から出発して下へ調整をしていき、4年に達したところで止める可能性が高い。被告側の弁護人が1年を主張したら、裁判官は1年から出発して上へ調整していき、2年に達したところで止める可能性が高い。両者のあいだには2年の開きが生じる。人生の丸2年が、恣意的な数字に影響を受けた裁判官の判断に完全に委ねられてしまうのだ。

利用可能性ヒューリスティック

アンカリングが不正確な結果をもたらす例はほかのところでも見られる。「利用可能性ヒューリスティック」だ。これは、アンカーがあてはまる場面をどれだけ思い浮かべやすいかによって、ある出来事の可能性を判断してしまう傾向のことだ。アンカーを受けとると、そのアンカーがあてはまる場面があるかどうかを考え、すぐに場面が思い浮かべば、そのアンカーが正しいと思い込み、そのアンカーに近い結論を出すのだ（Mussweiler & Strack, 2000）。

ふたたび法廷の例を挙げよう。裁判官の頭に一定の刑期がすぐに思い浮かぶと、その刑期が頻繁に用いられていると勘違いされることがある。検察が懲役5年を求刑すると、裁判官は懲役5

年の判決が出た過去の判例を思い浮かべようとする。そしてそういった判例をすぐに思い浮かべることができれば、今回の判決もアンカーの5年に近いものにすべきだと考えるかもしれない。

　このようにアンカリングが用いられるのは、けっして望ましいこととはいえない。なぜならば、裁判官が判例を思い浮かべるのは、必ずしもその刑期が頻繁に用いられているからという理由だけではないかもしれないからだ。ほかにもさまざまな理由によって記憶が呼び起こされることがある。懲役5年という刑期が頭に浮かんだのは、過去の判例に見られる頻度のためではなく、犯罪行為がとくに残酷で記憶に残るものだったからかもしれない。仮にそうだとしたら、懲役5年はその犯罪に対しては平均よりも長いのに、平均的な刑期だと誤って判断してしまうことになりかねない。このような不幸なことが起きると、間違った判断によって、軽い罪で本来よりも重い判決を受ける人が出る可能性がある。

調整の方向を決めるもの

　この章では、おもに「同化」に注目してきた。判断は、たいていの場合、提示されたアンカーに向かっていくよう調整される。しかし、アンカリングは「対比効果」を生じさせることもある。つまり、提示されたアンカーから離れていくように判断が調整されることもあるのだ。左の図を見ると、対比効果がどういうものか実感できる。「エビングハウス錯視」と呼ばれるものだ。

ＡとＢ、どちらの円が大きいだろうか。Ａのほうが大きい？　たしかにそう見えるが、実はどちらの円も同じ大きさだ。この錯覚が「対比効果」の一例といえる。刺激の受けとり方は、それを取り巻く刺激によって変わる。ＡとＢの大きさを判断するとき、あなたの認識はまわりを囲む円によってアンカリングされていたのだ。Ａを取り巻く小さな円がＡを相対的に大きく見せかけ、他方でＢを取り巻く大きな円がＢを小さく見せかけているのである。認識に生じるこの差異は「知覚のコントラスト」とも呼ばれる。

対比効果がわれわれの認識に影響を及ぼすのは、このように実験用に用意された円だけではない。日々接しているあらゆる刺激でも、対比効果によって認識に影響が及んでいる。人の魅力もそうだ。たとえば、男性被験者たちに『チャーリーズ・エンジェル』を見せてから、ある女性の写真を見せた。『チャーリーズ・エンジェル』は、非常に魅力的な女性主人公たちが登場する、１９７０年

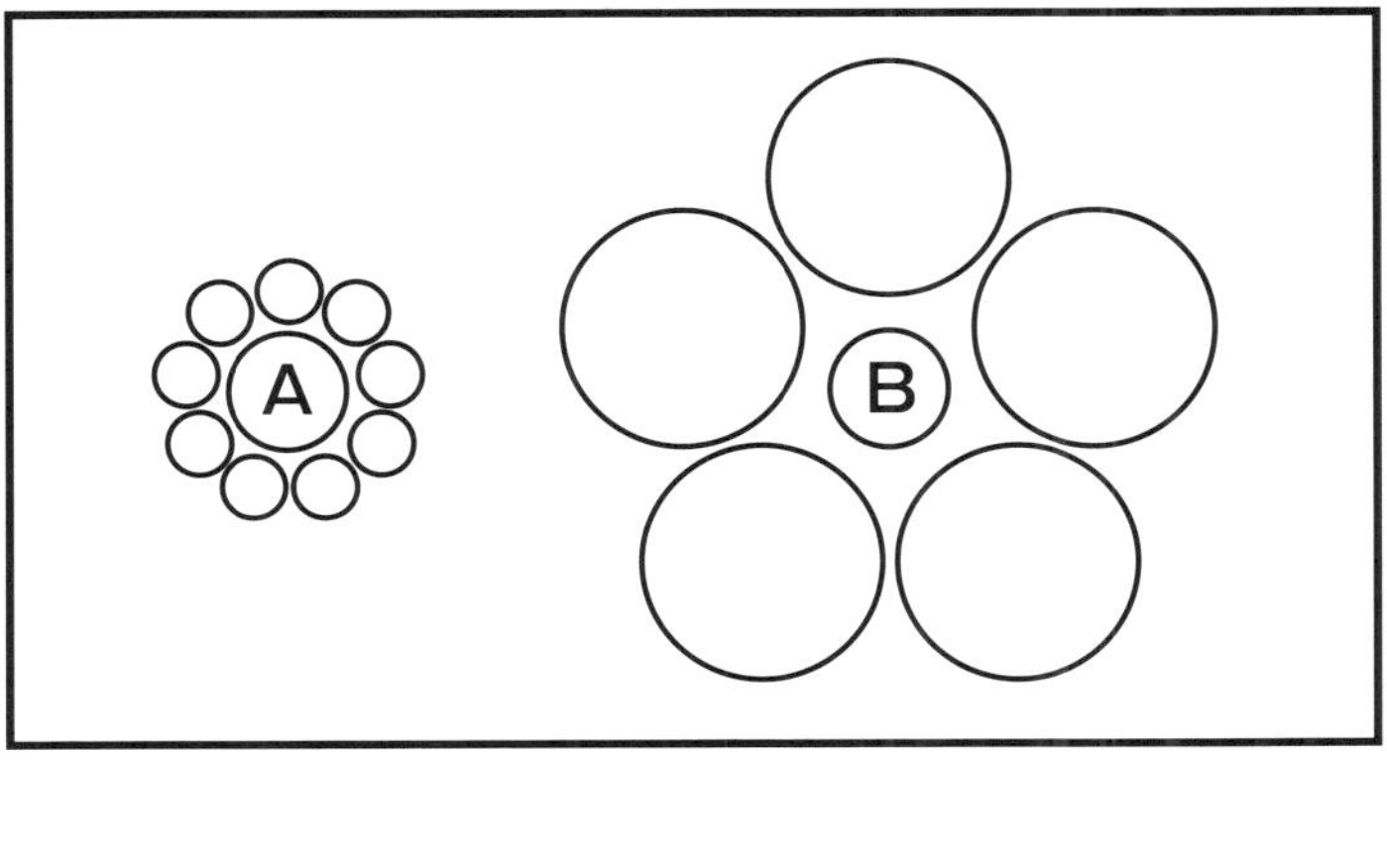

代のテレビドラマだ。『チャーリーズ・エンジェル』を見た人たちは、対照群と比べて、写真の女性の魅力を低く評価した。このテレビドラマが対比効果を生じさせたからだ（Kenrick, Gutierres, & Goldberg, 1989)。

同化と同じく、対比効果も無意識のうちに、日々、われわれの認識に影響を与えている。身体に悪い食事をとるか、オーガニック・フルーツサラダを食べるかといった選択にも、対比効果が影響することがある。たとえば、よくあるチーズバーガーのカロリーを考えてみてもらいたい。正確な数字を頭のなかに思い浮かべておいてほしい。あとですぐ、この問いに戻ってくる。

いずれにせよ、同化（アンカーへと向かう調整）と対比効果（アンカーから離れる調整）との違いについては、わかってもらえたと思う。では、この方向を決めるのは何か。アンカーへ向かって調整するのはどういうときで、アンカーから離れていくよう調整するのはどういうときなのか。それを決めるひとつの要因は、アンカーがどれだけ極端かということだ。判断を下す際、アンカーが極端だと対比効果が生じる。

さて、チーズバーガーのカロリーはどれくらいと推測しただろうか。もしあなたがだれかほかの人に同じ質問をしたら、おそらくあなたの出した数字よりも低い答えが返ってくるはずだ。なぜか。チーズバーガーのカロリーを尋ねる直前に、ぼくはオーガニック・フルーツサラダにさりげなく触れておいた。気づいてはいなかったかもしれないが、それが極端に低いカロリーを連想させるアンカーとなって、チーズバーガーにより多くのカロリーがあると思わせたのだ。

最近の研究でもこれと同じ結果が確認されている（Chernev, 2011）。「オーガニック・フルーツサラダ」（極端にカロリーが低いものを示すアンカー）を思い浮かべるようプライミングされた人は、そのあとにチーズバーガーのカロリーを推測するよう求められると、最低地点から出発して、そこから離れていくように値を調整する。アンカーが極端に低いので、カロリーの違いがより強調されるからだ。ある意味では、非常に健康的なフルーツサラダは、例の錯視図でAを取り囲んでいた小さな円と同じだと言える。

これがチーズバーガーのカロリーを高く見せかける。「ぜいたくなチーズケーキ」（極端にカロリーの高いものを示すアンカー）を思い浮かべるようにプライミングされた人は、チーズバーガーのカロリーを推測するときには、最高地点から離れていくよう値を調整する。チーズバーガーは、より小さく見えるBと同じ状態にある。非常に不健康なチーズケーキが、チーズバーガーのカロリーを低く見せかけるからだ。

適当に示された刑期に同化しようとする気持ちが働くことで、だれかの人生が大きく変わる可能性があることを先に説明した。残念なことに、対比効果にも同じことが言える。裁判官は、殺人事件（もっとも残酷な犯罪を示すアンカー）を扱うと、そのあとに扱う案件がさほど重大だと感じられなくなる。殺人事件の直後に暴行事件を扱うと、対比効果が働いて、裁判官は暴行事件の平均よりも短い刑期の判決を下す傾向が強い。同様に、暴行事件のあとに殺人事件を扱うと、より重大だと認識して平均よりも長い刑期の判決を下す傾向が見られる（Pepitone & DiNubile, 1976）。

さらに先に進む前に、心にとめておいてもらいたいことがある。対比効果は、意味カテゴリー（たとえば、食べものの種類や犯罪の種類）にのみ生じるということだ。数のアンカーは、たいてい同化を生じさせる。ガンジーの年齢が１４０歳よりも上か下かと問われたら、ガンジーの年齢を高く推測しがちになる（Strack & Mussweiler, 1997）。これと同じで、あなたがターゲットに示す数字は、どんなものであってもその数字に向かって判断を調整させる。その数字が無関係だろうが、適当に決められたものだろうが、ありえないくらい極端だろうが、そんなことは関係がない。

説得の戦術

認識のアンカリング

アンカーを提示することで、説得しやすくなる場面はたくさんある。あなたが営業担当者で、商品の再注文を促すメールを顧客に送るとする。その際には、平均よりも高い注文数をアンカーとして示してはどうだろうか。数字が大きいと、顧客はそのアンカーに向かって同化していくため、通常よりたくさんの数を発注してくれるかもしれない。

このような基本的な例にとどまらず、ほかにもあからさまではないアンカリングの応用法がいくつもある。アンカリングの力を知ってもらうために、巧みな戦術をいくつか紹介しよう。

おとりを提示する

ダン・アリエリーが『予想どおりに不合理』で説明しているように、あなたがターゲットに示す選択肢が、ほかの選択肢と比較する際のアンカーになることがある（Ariely, 2009）。たとえば、雑誌の定期購読を検討するときに、次のふたつの選択肢があるとする。

▼A：オンライン、59ドル
▼B：オンラインと冊子、125ドル

このふたつの選択肢が示されると、68％の学生がオンラインを選択し、32％がオンラインと冊子を選択した。合計すると、出版社の収入は8012ドルになる。

しかしここにもうひとつ選択肢が加わると、興味深いことが起きる。「B＋」という選択肢に注目してほしい（これはBと似ているが、ある点で劣ることを意味している）。

▼A：オンライン、59ドル
▼B：オンラインと冊子、125ドル
▼B＋：冊子、125ドル

この3つの選択肢を示すと、B＋を選ぶ人はほとんどいないだろう。同じ値段でオンラインと冊子の両方が利用できるのであれば、わざわざ冊子だけの選択肢を選ぶ理由はない。

実際、そのとおりの結果が出た。この3つの選択肢が提示されると、B＋を選んだ学生はひとりもいなかった。しかし、この選択肢が加わっただけで、結果は劇的に変わり、合計収入は8012ドルから1万1444ドルへと跳ね上がった。なぜか。オンラインのみの選択肢を選んだ人が、68％から16％へと減り、より高価なオンラインと冊子の選択肢を選んだ人が、32％から84％へと増えたからだ。

明らかに劣るB＋の選択肢と比べたため、対比効果によってBがよりよい選択肢と感じられたわけだ。Aと比較できる選択肢はないので、Bがいちばんいい選択肢のように思われ、選ばれる可能性が高くなる。

相手がふたつの選択肢のあいだで迷っている場合、新しい選択肢を加えることで片方を選びやすくさせられる。追加する選択肢は、片方の選択肢に似ていて、ある面でそちらより優れている、あるいは劣っているとよい。その選択肢が加わったことで、それをアンカーとして、似た選択肢を判断するようになる。新しく加わった選択肢がより優れたものであれば、当然そちらが選ばれ、劣っていれば、はじめからあった選択肢が選ばれる。

この「おとり効果」のビジネスへの応用例を挙げてみたい。あなたがコンサルティング・サービスを提供しているとする。選択肢を3つ用意しておくと有利に働くかもしれない。安い値段のサービス、そこそこの値段のサービス、極端に高い値段のサービスの3つだ。極端に値段の高いサービスがあることによって、普通であれば安い値段のサービスを選んでいたはずの人が、そこそこの値段のサービスを選ぶようになり、結果として全体の売り上げが大きくなるというわけだ（Huber, Payne, & Puto, 1982）。

商売に携わっていなくても、このおとり効果は日々のちょっとした場面で使うことができる。たとえば、特定のレストランで食事をしようと友だちを説得する場合だ。どこで食事をするかを友だちと議論しているとする。メキシコ料理を食べたいという人がいるが、あなたやほかの友だちは、ある中華料理店に行きたいと思っている。メキシコ料理店に行きたがっている友人には、嫌っている中華料理店がある。それなら、その嫌っている中華料理店に行くという選択肢を加えてみれば、あなたの希望が通る可能性が高くなる。もとの選択肢に近いがそれより劣っているために、そこに対比効果が生まれ、もとから選択肢にあった中華料理店がよりよく感じられるからだ。

ドア・イン・ザ・フェイス・テクニック

この本の評判を広めるために、あと何冊か買って、友だちや同僚に配っていただけないだろうか。なに？　そんなことはしたくない？　それなら仕方ない。では、ぼくがこの本の次に書いた本を1冊、自分で読むために買ってもらえないだろうか。

これが「ドア・イン・ザ・フェイス・テクニック」の一例だ。大きなリクエストをしたあとに、それよりずっと小さなリクエストをするという戦術だ。大きなお願いが対比効果を生んで、もうひとつのお願いを些細なものに感じさせ、こちらのリクエストを聞き入れてもらいやすくなる。

このテクニックをはじめて検証した研究で、ロバート・チャルディーニらは、無作為に選んだ大学生に、少年院で週に2時間、2年間ボランティアをするよう求めた（Cialdini et al., 1975）。おそらく結果は想像できるだろう。なかなかない貴重な機会だと、みんな喜んで飛びついた？　そんなわけがない。予想どおり、ほぼ全員がこの大きなリクエストを丁重に断った。

しかし、その大きなリクエストに続いて、小さなリクエストをすると、興味深いことが起きる。非行少年たちを、2時間の遠足として動物園へ連れていってくれるようにお願いしたのだ。はじめの大きなリクエストがないと動物園へ行くことに同意したのは17％だけだった。しかし、はじめに大きなリクエストをした場合（そしてそれが拒まれた場合）には、動物園へ行ってもいいと答えた人は、ほぼ3倍の50％にまで増えた。大きなリクエストがアンカーとなって、それをもとに動物園行きの負担を判断した。つまり、大きなアンカーがあったので、動物園に行くのはたいしたことではないと感じられ、より多くの人がそれに従ったのだ。

期待を高くもたせる

手前味噌かもしれないが、この本は情報がたっぷり詰まっていて役に立ち、面白い。10点満点で10点をつけてもらえるのではないだろうか。

この章で示したふたつの戦術、「おとり作戦」と「ドア・イン・ザ・フェイス・テクニック」は対比効果を利用したものだった。アンカーへの「同化」とは関係がない。しかし、アンカーに向かって判断を調整する傾向を利用した戦術がひとつある。「高い期待をもたせる」という戦術だ。たとえば、この本を10点満点で10点と評価してもらえるだろうというのも、これに当たる。

この戦術は、日々の生活にどんなふうに応用できるのだろうか。たとえば、あなたは学生で、教授にレポートを提出しなければならない。出来はどうかと教授にきかれたら、何と答えるだろう。いちばんいい成績を引き出すためには、「Aに決まってますよ」と冗談を言って、アンカリング効果を活用するといい。一見、無邪気な冗談のようだが、説得の達人であるあなたならもうおわかりだろう。「A」という言葉を出すことによって、教授が成績をつけるときにそれがアンカーとなるのだ。教授の認識は、アンカーによって高い成績のほうへ引き寄せられているため、アンカーがないときよりもいい成績をつける可能性が高くなる。30年の経験をもつ法律家ですらアンカリングの影響を受けるのだから、大学教授が影響を受けないはずがない。

「高い期待をもたせる」ことは、さまざまな理由から説得のきわめて強力なツールとなる。この戦術には非常に大きな力があるので、次の章で詳しく説明しよう。

マインド・リーダーの視点

ゲームでいかにアンカリングを使うか

ぼくがマインド・リーディングのショーをするときには、はじめにあるゲームをする。名乗り出てもらった3人に、100ドルが当たるゲームに挑戦してもらうのだ（観客にはわからないように、ぼくはアンカリングを使ってこちらに有利になるよう仕組んでいる）。テーブルに4つの封筒をぶら下げておく。それぞれ「1」「2」「3」「4」と番号が打ってある。そして、そのうちどれかひとつに100ドル札が入っていると説明する。名乗り出た3人をステージに上げて、それぞれ封筒をひとつ選んでもらい、封筒にお金が入っていたら持って帰ってかまわないと告げる。ひとり目に封筒を選んでもらうときに、ぼくはこう言う。

このゲームは、これまで何度もステージでやっています。過去の5回では、お金は3番の封筒に入っていました。さて、なぜこんなことをわざわざ言うと思いますか？　3番の封筒を選ばせようとしているから？　それとも、反心理学（リバースサイコロジー）を使って、ほかの封筒を選ばせようとしているから？

きわめてまれな例を除いて、こう言われると、たいていの人は2番の封筒を選ぶ。なぜか。友だちに、1と4のあいだから数字をひとつ選んでみてもらうといい。2か3を選ぶ可能性が高い（2と3だと3のほうがよく選ばれる）。1か4を選ぶことはほとんどない。どちらの数字も目立ち過ぎるからだ（それに1と4の「あいだから」選ぶようにと暗に仕向けてもいた）。

では、なぜ3番の封筒ではなく2番の封筒を選ぶのか。お気づきになったかもしれないが、右のセリフでは、3番の封筒に注意を向けさせることによって、それを選ぶ気がなくなるように仕向けている。3番の封筒にお金が入っていたことが多いとあけっぴろげに言われると、それを選びにくくなる。3番を選ぶと、だまされているように観客の目に映るからだ。そんなふうに見られるのはいやなので、3番は避けようとする。しかしやはりまんなかの数字から選ばなければと感じるので、残された唯一の選択肢である2番の封筒を選ぶのだ。

ひとり目が2番の封筒を選んだら、次の人に選んでもらう。3番にお金が入っていることが多いとぼくが言ったにもかかわらず、ひとり目が3番を選ばなかったので、ふたり目は3番の封筒を選ばなければいけないというプレッシャーを強く感じる。もし3番を選ばなければ、3人目も選ばないかもしれない。それで実際に3番にお金が入っていたら、3人とも間抜けに見えてしまう。それは避けたいので、ふたり目は3番の封筒を選ぶ。

この時点で、2番と3番の封筒はなくなっている。あとは3人目がどちらかを選ぶよう仕向ければいい。じつは、4番の封筒を選ぶようにすでにこっそり仕向けていた。どのようにしたか、おわかりだろうか。ヒントを出そう。アンカリングを使ったのだ。

先に記したセリフでぼくは、お金は過去の「5回」では3番の封筒に入っていたと言った（実際のパフォーマンスでは、そのあともこの点には何度も触れる）。3人目が4番を選ぶ可能性が高いのは、残ったふたつの数字よりも大きな数を無意識のアンカーに設定したからだ。1番か4番を選ばなければならなくなったとき、3人目はアンカーとなっている「5」から出発して下に向かって調整をしていき、はじめにたどり着いた選択肢である4番の封筒を選ぶ。

このゲームを友だちに試してみてほしい。ただし、本物のお金を使ってやらないこと。心理作戦は、100％成功するわけではない。ぼくがこれを実演するときには、心理学が想定どおりに働かなかったときのために（これはよくあることだ）、バックアップ・プランをいくつも用意して臨んでいる。

3 高い期待をもたせる

あなたが地下鉄の駅を歩いていて、バイオリンを弾くストリート・ミュージシャンの前を通り過ぎたとしよう。なんとはなしに演奏を聴きながら、とくに胸をときめかせるわけでもなく、そのまま目的地に向かう。何も特別なことは感じず、ただ通り過ぎた。

2週間後。あなたは、友だちからとてもすてきな誕生日プレゼントをもらった。世界的に有名なバイオリニストのコンサート・チケットを2枚。非常に高価なものだ。そのバイオリニストのことは知らないが、世界一のミュージシャンの演奏を聴けるなんてと、あなたはとてもわくわくする。

ついにコンサートの日がやってきた。コンサートホールの席に着いて、開演をいまかいまかと待っている。バイオリニストがステージに上がり、演奏が始まるやいなや、あなたは圧倒された。こんなにすばらしいバイオリン演奏は聴いたことがない。ミュージシャンの才能に惚れこんでしまう。コンサートの終わりには涙まで出てきて、最高のパフォーマンスにスタンディング・オベーションを送った。

さて問題だ。はじめに出てきた地下鉄駅のバイオリニストと、コンサートのバイオリニストとは、何が違うのか。地下鉄駅のバイオリニストは二流で、コンサートのバイオリニストは世界トップ、それが違いだ。当たり前ではないか。しかし、その世界的に有名なバイオリニストが地下鉄駅で演奏していたバイオリニストと同一人物だったとしたら？　仮にそうなら、当然、演奏のすばらしさと才能に気づいていたはずだろう。

２００７年1月12日、あるバイオリニストがワシントンＤＣの地下鉄ランファン・プラザ駅で45分間、演奏をした。その45分のあいだに、何人かが立ち止まって2、3ドルの小銭を置いていったが、特別なことは何も起こらなかった。ほとんどの人が普段どおりのペースで通り過ぎ、立ち止まって耳を傾けたり、注意を払ったりする人はいなかった。なぜこれが驚くべきことなのか。そのバイオリニストは、ジョシュア・ベル、世界でも指折りの有名バイオリニストだったのだ。地下鉄駅で演奏する2日前、ベルはボストンのホールで満員御礼のコンサートを開いており、そのチケットはおよそ１００ドルもした。報道によると、彼は３５０万ドルという凄まじい値段のバイオリンを所有しており、いうまでもなく、ベルは世界有数のミュージシャンに数えられている。

なぜみんな、地下鉄の駅で彼の演奏を耳にしたときに、何とも感じなかったのか。どうしてほとんどの人は立ち止まって彼のすばらしい演奏を聴くことなく、通り過ぎたのか。コンサートホールでのベルの演奏に圧倒されながら、地下鉄駅ではまったく何とも感じないなどということが、ほんとうにあるのだろうか。本章を読めば、こういったことが起きるのもまったく不思議でないとおわかりいただけるはずだ。この驚くべき現象の理由は、われわれがもつ期待と、その期待がわれわれの世界認識をいかに形づくるのかに関係している。

期待の力

思考モードと同じように、われわれがもつ期待も世界認識を大きく左右する。ある出来事について期待をもつと、期待に合わせてその出来事に対する認識を脳が変化させるということがよく起こる。われわれは、見ることを期待しているものを見る。聞くことを期待しているものを聞く。感じることを期待しているものを感じるのだ。

プラシーボ効果がそのわかりやすい一例だ。新薬の治験をするとき、ある被験者は本物の薬を与えられ、ある被験者は効能のない偽物の薬（プラシーボ）を与えられる。こうしたやり方が必要とされるのは、われわれがもっている期待が治療の結果に影響を与えることがよくあるからだ。偽薬を与えられても、たいていは症状が改善する兆候が見られる。改善の兆候が見られることを期待するからだ。

プラシーボ効果は、新しい抗生物質の治験などと結びつけて一般にイメージされがちだが、日常のあらゆる場面でも期待による影響は見られる。あなたは、コカ・コーラとペプシのどちらが好きだろうか。最近の研究で、面白い結果が出ている。コカ・コーラのほうが有名ブランドなので、たいていの人がコカ・コーラのほうがおいしいという期待をもっている。したがって、実験でブランド名を隠さずに味見をしてもらうと、実際にペプシよりもコカ・コーラを好む人のほうが多かった。しかしブランド名を隠して味見をしてもらうと、興味深い現象が見られた。どちらを飲んでいるのかわからない場合には、つまり期待の要素を排除すると、ペプシの味のほうが好きだと答えた人のほうが多かったのだ（McClure et al., 2004）。

さらに興味深いことに、この「ペプシ・パラドックス」は、腹内側前頭前野を損傷している人にはまったく見られなかった。腹内側前頭前野は感情と結びついた脳の領域だ。脳に損傷がある人は、ブランド名が明かされていてもペプシの味のほうが好きだと答えた。コカ・コーラの人気から生じる感情的な期待の影響を受けないからだ（Koenigs & Tranel, 2008）。

脳が健康で高い期待をもっていると、快楽と結びついた脳領域の神経作用が活発になる。ある実験では、さまざまな値段の書かれたワインを被験者に飲んでもらい、神経作用を調べた。どのワインも中身は同じだったにもかかわらず、より高い値段のついたワインを飲んだときには、眼窩前頭皮質でより活発な神経作用が見られた（Plassman et al., 2008）。眼窩前頭皮質は、快楽と結びついた脳領域だ。値段が高いと単に思い込んだだけで、ワインをよりおいしいと感じたことになる。このように、生物学的な見地からも、期待がわれわれの認識を形づくっていることがわかる。

期待がもつ力はきわめて強いのだ。

期待はわれわれの認識を形づくるだけではない。行動にも影響を与える。別の実験では、ある人たちは栄養ドリンクを定価の1・89ドルで購入し、ほかの人たちは同じ栄養ドリンクを割引価格の0・89ドルで買った。実験者が調べたかったのは、値段についての意識が頭を使った作業をする際の成果に影響を与えるかという点だった。面白い結果が出た。どちらのドリンクも中身はまったく同じであるにもかかわらず、定価でドリンクを買った人のほうが、割引価格で買った人よりかなり大きな成果をあげたのだ（Shiv, Carmon, & Ariely, 2005）。定価でドリンクを買った人は、効果に対して高い期待をもったので、よりよい成果が出た。一方、割引価格で購入した人の期待は低くなり、結果として成果は芳しくなくなった。栄養ドリンクの値段などという些細なものですら期待の大きさに影響し、それがまたわれわれの認識や行動に影響を及ぼすのである。

なぜ「期待」はそれほど強力なのか

なぜ「期待」はそれほど強力なのだろうか。それは、アンカリングによって説明することもできる。アンカーから出発して、妥当と思われる推定値の範囲（たとえば、ぼくの次の本を買ってくれる可能性は50～70％といったもの）に向かって調整をしていくのと同じで、妥当と思われる期待値の範囲に向かってわれわれは調整をする。たとえば、あなたがこの本を買うときには、これがどれだけいい本か、正確にはわからなかったはずだ。つまり、あなたは一定の期待値の範囲を設定していた可能性が高い。

あなたがこの本を読む前に、友だちから、この本はこれまで読んだもののなかでいちばんだと聞いていたとする。そうすると、期待のアンカーはいちばん高いところに設定される。実際に本を読むと、あなたはアンカーから下に向かって調整していき、もともとの期待値の幅に達したところで止まる。この場合には自然と、期待値の幅の上限に近いところで止まることになる。他方で、自分が考えていた範囲よりも低いところにあるアンカーを提示されると、そこから上に向かって調整していき、範囲の下限のところで止まる。いずれの場合でも、あなたがもっている期待が、それが高くても低くても、認識を形づくるアンカーのように機能するのだ。

同様に、極端なアンカーは対比効果を生むため、期待も極端に高過ぎると逆効果になる。友だちが、この本はあまりにもすご過ぎて新しい宗教がここから生まれるのではないかとか、世界を完全に覆してしまうのではないかなどと言っていたとすると、この期待は対比効果を生んで、この本に対するあなたの印象は悪くなる可能性が高い。

とはいえ研究で示されているのは、たいていの場合、高い（と同時に妥当な）期待をもつと出来事をその期待に合わせて認識するようになるということだ。アンカリングのほかにも、どうして「期待」が一定の状況下できわめて強い力をもつのかを説明できる原理がいくつかある。

確証バイアス

まず、期待が認識を形づくるのは、「確証バイアス」のせいでもある。これは、信じていることや期待していることを確認する情報を求めようとする、人間にもともと備わった傾向のことだ(Nickerson, 1998)。

あなたが、地球温暖化は進行していると信じているとして、実際に進行しているのかどうか、公平に検討して結論を出したいとする。詳しく調べるために、グーグルで「地球温暖化の影響」と検索する。ちょっと待ってもらいたい。すでにあなたは確証バイアスに陥っている。なぜなら、この検索語がすでに、地球温暖化が存在することを暗に前提としているからだ。検索結果は、ほとんどが地球温暖化によって生じる影響を説明するものだろうから、実際に温暖化は進行しているという偏った結論を導き出すことになる。

われわれには、自分がもっている期待を確認したいという強い欲求がある。情報が期待と合致しないと動揺するからだ。たいていの人がそうだが、あなたも録音された自分の声を聞くと身が縮むような思いをするだろう。機械から聞こえてくる声はまったくなじみがなく、自分の声だとはとうてい思えない。いや、よく考えてほしい。いやな気持ちになるのは、録音機材が悪いせいなのだろうか。あなたがもっていた期待のせいではないか。

われわれが話すとき、自分の脳はほかの人に聞こえているのとは違う声を聞いている。声を出すと、発声のときに使われる筋肉が振動を起こし、それが首をつたって脳の聴覚機構に伝わり、音を歪めるのだ。この振動は体内で生じるため、ほかの人は（またボイスレコーダーも）歪んでいない声をそのまま聞く。体内で歪められた声を長年聞いているあなたは、その声にすっかりなじんでいるので、録音されたほんとうの声を聞くとまったく違うもののように感じる。この期待との齟齬が、自分の声を聞いたときに感じる嫌悪感の隠れた原因だ。自分の声を肯定するのにいちばんいい方法は、ほんとうの自分の声に慣れることだ。ラジオ番組のパーソナリティなど、声を使う仕事をする人は、やがて自分の声を好きになる。頻繁に自分のほんとうの声に触れることによって、適切な期待をもつようになるからだ。

たとえば別の状況で期待にずれが生じている場合には、どう対処すればいいのだろう。よく知られたテクニックのひとつが、「選択的回避」だ。期待と一致しない情報を、われわれはただ単純に無視する。われわれの脳は謎に包まれている。次の一文を読んでもらいたい。

われわれの
脳は
謎に
に包まれている

もう一度、読んでほしい。何かおかしなことに気づかなかっただろうか？「包まれている」の前に余計な「に」がひとつついているのを見逃していたのではないか。

まず「われわれの脳は謎に包まれている」と述べてから文を読んでもらったので、同じような文字列を見ると、この文は先に出てきたものと同じだとおそらくあなたは期待した。この期待が文に対する認識を形成していたため、期待に当てはまらないものを読み飛ばし、期待を確認しようとしたのだ。しかしいま、あなたの意識は余計な1文字があるとわかっている。期待と実物とのあいだに齟齬があるのは明らかで、そもそもなぜ、これほどあからさまな間違いに気づかなかったのかと驚いたことだろう。

自己充足的予言

「アンカリング」「確証バイアス」「選択的回避」についてのこれまでの説明では、いずれの場合も客観的な現実は変わらない。変わるのは、われわれの解釈だけだ。しかし、期待が客観的な現実を変えることもある。

たとえば、友だちのデビーが、彼女の友だちのエミリーを、あなたに紹介してくれたとする。ただ、それに先だってデビーから、エミリーは冷たくてよそよそしくフレンドリーな人ではないと聞いていた。したがって、彼女とは仲よくなれないのではとの予想（期待）をあなたはもっていた。そして実際にエミリーと会うと、予想どおりだった。性格はかなりとっつきにくく仲よくなれないと感じた。会話が終わると、もう会うことはないと思いながら別れた。フレンドリーだとは感じられなかったからだ。

ここで少し話を戻そう。デビーがエミリーのことを、冷たくてよそよそしいとではなく、フレンドリーでやさしく気さくな人だと言っていたとすればどうか。こう聞いたあなたは、エミリーの性格について完全に異なる期待をもったはずだ。このような別の期待を抱いて実際に会うと、エミリーはあたたかくて楽しく快活な人だと感じられ、会話が終わると、また会いたいと強く思いながら別れた。

どちらのシナリオでもエミリーは同じ人物だとしよう。すると、このように結果に違いが生じたのは、エミリーに対するあなたの認識のせいなのだろうか。それとも、エミリーのあなたに対する実際の態度のせいなのか。引っかけ問題だ。あなたの認識とエミリーの実際の行動、その両方があなたの期待によって変化したのだ。

冒頭に挙げたバイオリニストのエピソードを覚えているだろうか。あの状況では、影響を受けたのは認識だけだった。バイオリニストと交流することはなかったので、あなたの期待はバイオリニストや彼の演奏能力にまったく影響を与えていない。地下鉄駅でも高価なコンサートでも、彼の演奏能力はまったく同じだ。認識に違いが生じたのは、完全に解釈のためである。

エミリーの場合は、実際に彼女と交流しているので、あなたはエミリーの反応や、彼女のあなたに対する振る舞いに影響を与えられる立場にいた。さらに重要なのは、あなたのエミリーへの接し方は、大部分があなたの抱いていた期待から生じていたことだ。デビーから、エミリーは冷たくてよそよそしいと聞くと、あなたはエミリーが非友好的な態度をとると予想（期待）して、否定的な態度でエミリーに接した。エミリーがフレンドリーでないのなら、どうしてこちらが感じよく接しなければならないのだ、というわけだ。

このように、はじめに非友好的な態度を見せたのは、エミリーではなくあなたのほうだったのだ。あなたが否定的な態度をとったから、エミリーは同じく否定的に応じた。通常の人間にとっては、ごく普通の反応だ。エミリーはあなたの態度に合わせただけなのに、それをあなたは誤解してエミリーのせいにしたのである。あなたの視点から見ると、自分は普通にしていて、非友好的に接してきたのはエミリーのほうだということになる。

反対に、エミリーが楽しくて気さくな人だと感じられたケースでは、あなたは彼女に会うのを楽しみにしていた。エミリーと話すときには、あなたは陽気で快活になっていた。仲よくなれると期待していたからだ。あなたが友好的な態度で接した結果、エミリーも同じ行動をとって、あなたに好意的に接したのだ。

この例は、「自己充足的予言」（Rist, 1970）という概念で説明される。われわれが抱いている期待がしばしば現実になるのは、期待をもっていると期待された結果につながる行動をとるようになるからだ。エミリーの例もそうだった。たとえ間違っていても不正確でも、期待はあなたの行動を変化させて、期待された結果が実現するよう仕向ける。「自己充足的予言」と呼ばれるのはそのためだ。

われわれは、知らず知らずのうちにいつも自己充足的予言に導かれている。あなたが試験勉強をしているところを想像してほしい。いい成績はとれないと思ったら、自己充足的予言が働いて試験で落第してしまうかもしれない。勉強をしないというように、期待を実現する行動をとってしまうからだ。どうせ落第するのなら、勉強しても意味がない。勉強は無駄だということになる。しかし試験でいい成績をとることを期待していたら、期待どおりになるよう行動する可能性が高くなる。一生懸命勉強して、試験に合格するように食事に気をつけたり十分に睡眠をとったりと、必要なことをするようになる。

ぼくはこの本を書くにあたって高い期待をもっていたので、そのおかげで面白くてためになる本になっているとうれしい。書きながら、すごい本になるぞと期待がどんどん高まっていった。ぼくはこの本の価値を判断する立場にないが、それでもここ数か月のあいだ、ぼくは毎日ほぼ15時間を執筆に費やしてきた。とても高い期待をもっていたから、この本を仕上げるためにコンサルタント会社での仕事も辞めて、カップラーメンを食べて節約しながらこの本を書き上げた。もしぼくの期待が低ければ、精神的にも肉体的にもぎりぎりのところまで自分を追い込むことなどできなかっただろう。

なぜこんなことをここに書いたのか。答えはおわかりのはずだ。もちろん、この本に大きな期待をもってもらいたいからだ。

説得の戦術

高い期待をもたせる

あなたが人に何かを好意的に見てもらおうと思ったら、高い期待を相手にもたせるべきだ。期待がレンズとなって認識を形づくるからだ。これまでの説明でこのことは理解してもらえたと思うが、ここではその戦術の重要な一面について説明したい。

第一印象

すばやく。5秒間で次の計算式の答えを推測してほしい。

1×2×3×4×5×6×7×8

答えを出してもらえただろうか。では次の計算式の答えを尋ねたら、答えは違うものになるだろうか。

8×7×6×5×4×3×2×1

ふたつの計算式は、本質的にはどちらも同じだ。違いは数字の順番だけ。どちらの計算式も同じ計算結果が出るので、あなたの推測も同じになるはずだ。ところが、そうはならないのだ。ある研究結果では、はじめの式とふたつめの式では出てきた答えがかなり違っていた。

エイモス・トベルスキーとダニエル・カーネマンの実験では、はじめの式を見た人の答えの平均が512だったのに対して、ふたつ目の式を見た人の答えの平均は2250だった（Tversky & Kahneman, 1973）。

理屈で考えれば、回答は同じになるはずだ。なぜこのような違いが生じたのか。その答えは「初頭効果」にある。はじめに提示された情報のほうが、あとに提示された情報よりも大きなインパクトをもつという効果だ（Murdock, 1962）。初頭効果は、一種のアンカーだと考えることができる。はじめのほうの数字がアンカーとなり（片方の式では低いアンカーに、もう片方の式では高いアンカーになり）、推測値に影響を与えたのだ。

これはどのように期待と結びついているのだろうか。それを理解してもらうために、ある実験のことを考えてみよう。参加者はふたつのグループに分けられ、しばらくするとある人と交流すると告げられる。ひとつ目のグループの人たちは、その交流相手は「知的で、勤勉で、衝動的で、批判的で、頑固で、嫉妬深い」と知らされる。ふたつ目のグループの人たちは、同じ情報を逆の順序で（つまり「嫉妬深くて、頑固で、批判的で、衝動的で、勤勉で、知的」だと）伝えられた。

つまり、どちらのグループも同じ情報を受けとっていたが、はじめのグループは肯定的な性質を先に、あとのグループは否定的な性質をはじめに伝えられたということだ。

すでに初頭効果について理解してもらっているので、おそらく結果は想像できるだろう。最初に肯定的な性質を伝えられたグループのほうが、交流相手にかなり好意的な印象を抱いた（Asch, 1946）。はじめのほうに置かれた性質がそのあとに続く情報についての期待を形成したのだ。第一印象が形成されると、そのあとに続くものにはさほど注意を払わなくなる。第一印象が十分に正確だと想定するからだ。

ここで覚えておくべきは、第一印象が決定的に重要ということだ。あなたのメッセージに最初に触れたときに相手の認識は形づくられ、その認識を通して残りのメッセージが受けとられる。説得力を最大にするためには、強烈な第一印象を与えて、メッセージの続きの部分に大きな期待をもってもらう必要がある。11章でも説明するが、この原理は、複数の議論を順番に並べる際にはいつもあてはまる。学校の小論文やビジネスの企画書を書く際に議論を複数示すときなどだ。

催眠術師の視点

なぜ高い期待をもつと催眠術にかかりやすいのか

ぼくはマインド・リーダーとして豊富な経験をもっているが、催眠術師としても活動してきた。

しかし、エンターテイメントのために催眠術を使うことは控えている。催眠術に対して偏見をもってもらいたくないからだ。たしかに催眠術にはエンターテイメント性がおおいにあるが、エンターテイメントのレンズを通して見ることで、われわれはしばしば催眠術を間違って理解してしまう。催眠術はきわめて強力な臨床技術であり、さまざまな症状や嗜癖を治療することができる（たとえば、禁煙や減量のためによく使われる）。

催眠術には、興味深い一面がある。催眠術のかかりやすさは、その人がもっている期待によっておおむね決まるのだ。これを理解するためにはまず、たいていの人が催眠術にかかるという事実を知っておかねばならない。さらに重要なことに、催眠術にかかりやすい人に特有の性質というものはほとんど存在しないことが研究で示されている。つまり、催眠術にかかりやすい人のタイプはけっしてひとつではない。さまざまな性格の持ち主がそこには含まれている。

さらに、催眠術へのかかりやすさを決めるもののなかには個人レベルでコントロールできるものも多少ある。たとえば、催眠術にかかることを期待している人、あるいは、自分は催眠術にかかりやすいタイプだと信じている人は、よりかかりやすい（Gandhi & Oakley, 2005）。したがって、だれかを催眠術にかけようと思ったら、あなたがその人を催眠術にかけられると相手に期待させる必要がある。

ぼくが初めて催眠術をかけた相手のことを、いまでも覚えている。友人が本気で禁煙したがっていたので助けてあげたいと思ったのだ。ちょうどそのとき催眠術の勉強をしていたため、学んだ知識を初めて実践してみることにした。心のなかでは、まだ少し催眠術には懐疑的だったが（正直なところ、実際に効果があるとは思っていなかった）、相手にきちんと期待をもってもらう必要があることはわかっていた。

だから、ほんとうに効果があるかはわからないなどとは言わず、自信があるふりをして、必ず効くと友人に請け合った。ぼくが自信をもって催眠術の効果を保証したので、友人はぼくの催眠術の能力を信じて安心した。こうして期待を高めたのが功を奏して、ぼくは彼を深い催眠状態に導くことができた。10分間、彼の喫煙習慣についてアドバイスをしてから催眠状態を解いた。それから今日に至るまで、彼はタバコを吸っていない。

そのとき以来、ぼくが催眠術をかける人には同じレベルの期待をもってもらうようにしている。いまでもそうだ。会ったばかりの人に催眠術をかけるとすると、5分か10分話したところでぼくは笑顔でこう言う。「偶然ですね、あなたはとても催眠術にかかりやすい人のようです。すぐに深い催眠状態に陥るタイプだと思います。なかなかいないんですよ、とても珍しいです」たいていの人は自分がほんとうに催眠術にかかるのかと疑問に思っているので（エンターテイメントショーでの催眠術を見て、懐疑心をもっていることが多い）、こう伝えることで心の壁を取り除き、催眠術にかかるという期待をもたせることができる。そうすると、こちらは相手を深い催眠状態へと導きやすくなる。

ぼくは、おもに学術論文を読んで催眠術を習得したが、もしあなたが催眠術を学びたいと思っているのであれば、きちんとした訓練を受けることをおすすめする。催眠療法のトレーニングはあちこちで行われているので、おそらくあなたの住んでいる地域にもそんなコースがあるだろう。催眠術が使えるのはすばらしいことだが、催眠術はきわめて強力なので、学びたいなら適切な訓練を受けるべきだ。

家族旅行【第1話】

METHODSの各ステップの終わりには、「現実世界への応用」というセクションを設けて、日常生活での実践例を示す。

ここではまず、数か月後に家族で旅行に行きたいのに財布の紐が固い夫からの反発が予想されるケースを考えてみよう。貯金は十分にあるので、夫が柔軟な態度をとるように、いくつかの作戦を仕掛けることにする。

娘のマッケンジーは7歳。ディズニーランドにちょっとした旅行をすれば、娘のいい思い出になるだろうし、海外旅行と比べても安あがりだ。この考えを夫に受け入れてもらいやすくするために、ふたつの旅行プランの情報を集めて、夫の認識をアンカリングすることにした。①とても値のはる世界一周旅行と、②本命のディズニーランド行きだ。

夫は節約家なので、ひとつ目の選択肢を選ぶことはありえない。だからこれをおとりとして示し、極端に高いところにアンカーを設定する。そこでディズニーランド行きというふたつ目の選択肢を提示すると、対比効果のおかげでそちらが非常に小さく感じられるはずだ。夫の認識は、世界一周旅行によってアンカリングされているからだ。

ある日、夫が仕事から帰ってくると、この計画を実行に移すことにした。しかし家族旅行の話を切り出す前に、さらにこちらに有利な状況をつくるために、マッケンジーが野菜を食べるようになったという話をする。マッケンジーはずっと野菜を嫌っていた。マッケンジーが柔軟な態度を示した話をすることで、柔軟な態度のスキーマを夫のなかで活性化させ、一時的に柔軟なものの見方をとらせることが期待できる。

その話題から家族旅行へと話題を移すと（たとえば、「そうそう、マッケンジーといえば……」）、まずはとても値のはる旅行プランを示す。即座に却下されるだろうが、それは織り込み済みだ。アンカーは高いところに設定されて、夫の認識はそれに影響を受けている。そこでふたつ目のディズニーランド行きを提案する。夫はじっと考えるようすを見せて、いまは決められないから少し時間をかけて検討してみると言う。

残念。思っていた反応ではなかった。でも心配しなくていい。本書ではほかにもたくさんの説得術を紹介する。それで閉じた夫の心をこじ開けることができるだろう。このシナリオにはあとでまた戻ってくることにしたい。もう少しあとで、ほかの説得術を使って夫の賛成を得る方法を説明するつもりだ。

ステップ 2

行動と一致した態度を引き出す

Elicit Congruent Attitudes

リクエスト前	ステップ1	M	認識を形づくる
	ステップ2	**E**	**行動と一致した態度を引き出す**
	ステップ3	T	社会的プレッシャーを与える
	ステップ4	H	メッセージを定着させる
リクエスト中	ステップ5	O	メッセージをもっとも効果的に提示する
	ステップ6	D	モチベーションをさらに高める
リクエスト後	ステップ7	S	影響を持続させる

ステップ2のあらまし

「行動と一致した態度を引き出す」とは?

本書の「はじめに」で、この本をいちばんたくさん線が引かれる一冊にしたいと書いた。たいした意味がないように思われたかもしれないが、あの一文には強力な心理学の原理がいくつか含まれている。

▼まず、線を引くという考えをプライミングして、実際にその行動をとらせる可能性を高めた(1章「思考モードをプライミングする」)。

▼この本が、いちばんたくさん線が引かれる一冊になると言うことによって、期待を高めた(3章「高い期待をもたせる」)。期待が高まったので、自己充足的予言によって、普段よりもたくさん線を引きがちになる。もしあなたが線を引かずに本を読む人ならば、そのような効果は見られなかっただろうが、普段よりもたくさん線を引きながら読んでいる人が多くいるのはたしかだと思う。

さらにもうひとつ、線を引くという話を入れたことによって得られる、きわめて重要な利点がある。この利点こそが、METHODSのステップ2で取り上げるものにほかならない。

▼自分が普段よりもたくさん線を引いていることがわかると、それと一致した態度をとるようになって、この本が非常に役に立って有益だと考えるようになる可能性が高い。

「一致する」というのは、要するに「首尾一貫する」というのと同じことだ。ターゲットがある行動をとっていると（たとえば線を引いていると）、自分の行動に「一致した」態度をとらなければというプレッシャーを感じるようになる。たとえば、普段よりもたくさん線を引いていると、この本がほんとうに好きに違いないと考えるようになる。

この考えが、ステップ２のおもな原理だ。人間は、自然に自分の行動と一致した態度をとろうとする衝動をもっているので、相手のボディランゲージや行動を変化させることで、こちらに有利な態度を引き出すことができる。次の４章では、なぜこの原理がこれほど強力なのか、またどうやってこれを応用できるのかを説明しよう。

4 ボディランゲージをコントロールする

この章の冒頭部分を読むあいだ、口にペンをはさんで歯で噛んでおいてもらいたい。次の節に達するまで、そのままくわえておくこと。なぜこんなことをしてもらうのかは、少しあとで説明する。

ボディランゲージは流行のトピックだ。書店に行けば多くの関連本が並んでいて、ボディランゲージを使って他人が考えていることを瞬時に解読する方法が書かれている。残念ながら、不正確で誤解を招く本が多い。信頼できる研究に基づいたものでなく、直感のみで書かれているからだ。では、ボディランゲージという領域の未来は暗いのだろうか。そんなことはない。たしかにボディランゲージの分野には偽科学のように感じさせる側面もある。しかしさいわい、驚くべきことを証明している信頼できる研究結果も出ている。本章で示す原理はすべて、信頼性のある研究に基づいている。

より具体的には、本章では「身体化された認知」というものに焦点をあてる。ここ10年で多くの研究者の注目を集めている、興味深いテーマだ。身体化された認知という考え方で、次のようなことが説明できる。

- 求職者は、履歴書が軽いクリップボードにはさまれているより重いクリップボードにはさまれているほうが、採用される可能性が高い（Jostmann, Lakens, & Schubert, 2009）。
- 自分自身について否定的なことを手書きすると自尊心が低下するが、これは利き手で書いたときだけだ（Briñol & Petty, 2008）。
- 腕を上向きにしてテーブルに置いている人は、下向きにしている人よりかなりたくさんクッキーを食べる（Förster, 2003）。

「身体化された認知」という考え方によれば、心と身体は密接に結びついている。一般にわれわれは、心が身体に影響を与えると考えがちだが、この関係は反対方向にも作用している。つまり、あなたの身体や行動が、あなたの考えや認識、態度、その他さまざまな認知メカニズムに影響を与えることもある。

時間の経過とともに、われわれは特定の行動を特定の心の状態と結びつけるようになる。この結びつきは最終的にきわめて強くなり、単純な身体の動きやポジショニングが、それと対応した認知メカニズムを刺激することがある(Niedenthal et al., 2005)。たとえば、拳を握る行動は敵対心と強く結びついているため、(「じゃんけん」を装って)拳を握るように暗に導かれた人は、別の実験を装って提示されたアンケートで、拳を握っていなかった人と比べてより自己主張が強いと自分のことを評価していた(Schubert & Koole, 2009)。

ここまでですでに、「身体化された認知」についてある程度は理解してもらえたと思う。先に挙げた3つの例の理由もわかっただろう。

- 履歴書が重たく感じられれば(クリップボードの重さのせいだとしても)、その重さを誤って価値と結びつけてしまう。重たい履歴書にはよりたくさんの情報が詰まっていると思い込むからだ。重要なものには「重みがある」という、一般によく使われるメタファーもある。
- 自分自身について否定的なことを書いて自信が低下するのは、利き手で書いたときだけというのはなぜか。利き手ではないほうで書いたときに効果が見られないのは、書くのにあまり自信がないからだ。書くことへの自信のなさが、否定的な考えへの自信のなさと勘違いされる。
- 腕をテーブルの上で上向きにしている状態は、腕を内側に向かって曲げる動作と似ている。何かをこちらに引き寄せるときの動きだ。われわれは、何かに魅力を感じたときにその動作をするので、腕を上向きにしておくよう言われた人は、下向きにしておくように言われた人よりも、たくさんクッキーを食べた。腕を下向きにするのは、何かを向こうに押しやるときの動作と同じだ。

この章を読めばわかるように、「身体化された認知」は非常に興味深い現象であり、とてつもない可能性を秘めている。

まだ口にペンをくわえている人は外してもらってかまわない。なぜそんなことをしてもらったのか。口にペンをはさんで歯で噛んでいるときの表情は、笑っているときの表情と同じだ（Strack, Martin, & Stepper, 1988）。この章を読み始めたときよりも、いまのほうが明るい気持ちになっていないだろうか。次になぜそんなことになるのかを説明しよう。

なぜ「身体化された認知」はそれほど強力なのか

身体化された認知のことを、あなたはまだ疑っているのではないだろうか。なぜそんなことが起きるのか、説明できる心理学の原理がいくつかある。

顔面フィードバック仮説

読者のみなさんには、ペンを口にくわえながら章の冒頭部分を読んでもらった。ある実験でも研究者グループが、被験者に口にペンをくわえさせたままアニメを何本か見せた。ある人たちにはペンを歯で噛んでもらい、ほかの人たちには単に唇ではさんでもらった。実験の結果、ペンを歯で噛んでいた人たち（笑顔になっていた人たち）は、単に唇ではさんでいた人たち（笑顔にはなっていなかった人たち）よりも、アニメを面白いと感じた（Strack, Martin, & Stepper, 1988）。

これは「顔面フィードバック仮説」として知られるようになったが、この現象を説明するために、ロバート・ザイアンスは「感情血流理論」というものを提示している。ボディランゲージが生物学的メカニズムを刺激し、それがわれわれの心の状態や情報の解釈に影響を与えるという理論だ。

ザイアンスらは、ドイツ人学生に特定の母音（i, e, o, a, u, ah, ü）を繰り返し発音するよう求めた。すると、「e」と「ah」の母音を繰り返しているときに、学生たちの額の温度が低くなった（Zajonc, Murphy, & Inglehart, 1989）。「e」と「ah」は、発音するときに笑顔のようになる音だ。この笑顔が学生たちの動脈血を冷やし、脳の温度を下げることでより愉快なムードをつくりだしたのだ。それとは逆に、「u」や「ü」の音はしかめ面をつくらせて血流を低下させ、脳の温度を上げて機嫌を悪くさせた。単に笑うという行為だけで生物学的メカニズムが作動し、笑顔と結びついた態度や感情が引き起こされるのだ。

たとえ、あるボディランゲージが直接的に生物学的メカニズムを刺激してわれわれの気分を変えることがなくても（たとえば、笑顔によって脳の温度が下がって機嫌がよくなることがなくても）、われわれのボディランゲージは、認知メカニズムに影響を与える。自己知覚理論のためだ。

自己知覚理論

「自己知覚理論」によると、われわれは自分の行動を観察することで、自分の態度を推し測ることがある（Bem, 1972）。何かにたいする自分の態度があいまいだと、自分自身の行動やボディランゲージを観察して、その態度をはっきりさせようとするのだ。

たとえば、だれかに有名人の写真を見せられたとする。見ているあいだ眉をしかめているように言われると、その写真の有名人はあまり有名ではないように感じられる（Strack & Neumann, 2000）。眉をしかめるのは気持ちを集中させているときに見せる表情だ。眉をしかめていると、自分の表情からその有名人のことを思い出すのに努力を必要としていると錯覚して、その人があまり有名ではないと認識するのだ。

態度とボディランゲージが矛盾する場合、われわれはボディランゲージのほうを信じる傾向にある。それについて、１９６０年代に巧みな実験が行われている（Valins, 1967）。男性のグループにこう説明する。これから性的な写真を見てもらい、心拍数を測る。写真を見ているあいだ、自分の心拍音を聞くことになる。ただ、音が聞こえてくるのは機械の構造上やむを得ずそうなっているからなので、聞こえてくる音は無視してもらいたい（この実験は1967年に行われたということを心にとめておいてほしい。当時の技術はいまよりも〝ほんの少し〟遅れていたから、機械の都合といってもおかしくはない）。

実験では、男性たちは『プレイボーイ』誌に掲載された女性の写真を10枚見せられ、そのうち5枚で聞こえてくる〝心拍〟が高まる（実際には、この音は偽物で、実験者がコントロールしている）。すると、驚くべき結果が出た。音を聞いて心拍が高まったと思い込んだときに、女性のことをより魅力的に感じたのだ。この影響は非常に強力で、2か月後にふたたび尋ねられたときにもやはり同じ写真の女性を魅力的だと答えた。このように、生物学的な反応が不正確でも（あるいは、そもそも偽物でも）、われわれはそれを信じて一致する態度をとる傾向にある。次の章で説明するように、「自己知覚理論」は、（単なるボディランゲージだけでなく）行動に関係するときには、さらに強力な役割を果たすことになる。

説得の戦術

ボディランゲージをコントロールする

われわれは、特定のボディランゲージを特定の態度と結びつける傾向にある（たとえば、うなずく仕草を柔軟な態度と結びつける)。これを利用して、ターゲットにある種のボディランゲージをさせることで、あなたの説得に有利となる態度を引き出せる。ここでは、ターゲットから引き出すと有利になるのはどんなボディランゲージなのかを説明し、気づかれないようにうまくそれをターゲットから引き出すテクニックを紹介する。

うなずかせる

ごく少数の例外(インドやアフリカの一部など)を除いて、うなずくことは同意の象徴として広く浸透している。会話をしているとき、ときどきうなずくことによって、相手の話に興味をもっていることを示し、話を続けるよう非言語的な合図を送る。うなずくことは同意ときわめて強く結びついているため、リクエストをする前にターゲットをうなずかせることで、より柔軟でこちらに同意してもらいやすい態度を引き出すことができる。

それを証明するために、ウェルズとペティが実験を行った(Wells & Petty, 1980)。学生にヘッドフォンを渡し、ラジオ放送を聴くように言う。ヘッドフォンの調子を確認するために、放送を聴きながら、首を縦に振るか、あるいは横に振るよう学生に求めた。その結果、首を横に振った学生よりも、縦に振った学生のほうが、放送の内容に対してはるかに肯定的な態度を示した。うなずくことと同意とが強く結びついているので、リクエストをする前に相手をうなずかせることができると、より同意しやすい精神状態をターゲットのなかにつくりだすことができる。

では、どのようにしてターゲットをうなずかせればいいのか。さいわい、うなずくという動作は、言葉に頼らずとも比較的容易に相手から引き出すことができる。だれかと話しているとき、途中で少し間をおいて眉を上げることで、無言のうちに相手の理解を確かめることがよくあるが、こうすると、相手をうなずかせることができる。

実際にリクエストをするまでのあいだに、このように、言葉を使わずに同意を求める合図を何度か出すことによって、ターゲットがうなずくように条件づけしておくといい。そうすることで、「身体化された認知」によってターゲットがより柔軟な態度をとるようになる。ただ、効果はそれだけではない。頻繁にうなずくことによって、ターゲットにとってはうなずくという動作が一種の「慣性」となり、同じ動作を続けるようになる。リクエストをする前に何回かうなずかせると、ターゲットは同じ反応を続けるように動機づけられて、あなたのリクエストにも肯定的な反応をするようになる（この背後にある心理学については、次の章で説明する）。

胸を開かせる

大変だ。あなたは店員で、強盗が店に乱入して銃を突きつけてきた。あなたはまず、どう反応するだろうか。たいていの人は、こういう状況に直面したら真っ先に両腕を挙げて、手のひらを相手へ向けるだろう。何も隠していないということを相手に伝えようとするとき、人は手のひらを外に向けて腕を広げ、胸を見せる。

それと同じように、心を閉ざしているときには、腕を組んだり身体の前で何かものを持ったりして、胸を隠すことが多い。防御的な気持ちになっていたり心を閉ざしていたりすると胸を隠すのである。新しい情報が自分の考えや態度に入ってくるのを防ぐための象徴的なポーズだからだ。

ウォーターゲート事件で、ニクソンが弁明のスピーチをしているビデオを見るといい。「わたしはペテン師ではない。わたしのもっているものはすべて自分で手に入れたものだ」とスピーチを締めくくると、ニクソンはすぐに演壇から後ろに下がって、胸の前で腕を組む。その一言を発して、それ以上は質問を受けずに引き下がってしまいたい、そんな感じだ。子どもが友だちに悪口を言ってからすぐに自分の耳をふさぎ、相手が言い返してくるのを防ぐ、あの姿を思い出させる仕草だった。

腕を組む仕草は、非常に防御的な態度と結びつけて考えられているので、この姿勢をとると、かたくなな態度が呼び起こされることがある（Bull, 1987）。実際、ある研究では、被験者たちに腕を組むように仕向けると、より多くのアナグラムを解読することができたという。このボディランゲージが、粘り強い態度を引き出したからだ（Friedman & Elliot, 2008）。

粘り強さは通常、肯定的な性質ととらえられているが、粘り強い態度、つまり頑固な態度は、こちらのリクエストに従ってもらえる可能性を大幅に引き下げる。相手の態度をこちらの思いどおりに変えにくくなるからだ。

そういった頑固な態度と正面から向き合うよりも、ターゲットのボディランゲージがより説得しやすい状態になるまで待ったほうが有利になれる。胸を開いている状態（腕を組んだり、ものを持ったりしていない状態）のほうがより同意を得やすい態度を引き出すので、相手がそういったボディランゲージをしているときにはこちらの説得力が増す。相手がものを持っているとき（たとえば、携帯電話でメールをうっているとき）にリクエストをするのではなく、相手が何も持っておらず、胸が開いた（たとえば腕を組んでいない）状態になるまで待つべきだ。

姿勢

最後に、ターゲットの姿勢も、こちらに有利な態度を引き出すことのできるボディランゲージだ。必ずしも柔軟な態度と結びついていなくても、こちらの説得力を増す手助けとなる姿勢がいくつかある。

おそらく、姿勢からいちばん強く連想される態度はプライドだろう。何かを成し遂げたと感じているときやプライドを感じているとき、われわれはたいてい背筋を伸ばした姿勢をとる。他方で、不安だったり自信がなかったりするときには前屈みになりがちだ。研究によると、こういった姿勢をとらせることによって、それに対応した態度を引き出すことができる。ステッパーとストラックによる実験では、被験者に達成テストの点数への満足度を尋ねた。被験者は、背筋を伸ばした姿勢か前屈みか、いずれかの姿勢で席に着かされていた（Stepper & Strack, 1993）。実験の結果、テストの点数を告げられると、背筋を伸ばして座っていた人のほうが前屈みで座っていた人よりはるかに高い満足度を示した。

姿勢は、プライドだけでなく力とも密接に結びついている。ブラックジャックのルールを知っていればおそらくわかるだろうが、手札が16だととても迷うものだ。安全策をとって16で止めておくか、あるいはリスクを冒して21をこえないようにと願いながらカードをもう1枚もらうか。姿勢と力との密接な結びつきを理解していると、身体を開いた姿勢をとっている人はこの状況でもう1枚カードをとる可能性が高い理由を説明できる（Huang et al., 2011）。身体を開いた姿勢をとっていると、それに対応する力と結びついた態度が引き出され、無意識のうちにリスクをとらせるのだ。

もしあなたが不安だったり自信がなかったりしたら、姿勢を変えることでそういった気持ちを和らげることができる。背筋を伸ばして座り、身体を開くことで、その姿勢に対応した自信のある態度が引き出されて不安を克服できるのだ。

本章をまとめると、われわれは、ボディランゲージからしばしば態度を導き出す。ある態度をターゲットから引き出そうと思うときには、その態度と結びついたボディランゲージをターゲットにとらせればいい。ターゲットにそのボディランゲージをとらせることによって、それと一致した態度を引き出すことができる。

この章で示した情報は強力なものだが、さほど実用的ではないことも正直に認めなければならない。それでもこの章を設けたのは、「自己知覚理論」をよく理解してもらいたかったからだ。というのも、次の章でこの概念のより強力で実用的な応用法を説明するからだ。具体的に言うなら、次章では、なぜボディランゲージだけでなく行動が、それと一致する態度を引き出すのかを説明する。また、なぜわれわれは行動と一致した態度をとるという強力なプレッシャーを感じるのか、そして、どうやって整合性を求めるこうした本能を利用するのかを解説する。

5
行動の整合性をつくりだす

「幸せだから歌うのではない。歌うから幸せなのだ」
——ウィリアム・ジェイムズ（心理学者）

おめでとう！　あなたは、とても楽しい実験の参加者に選ばれた。何をすればいいのか。まず、30分間で、12本の小さな木の棒をトレイの上に載せてもらう。おそらく数秒で終わってしまうだろうが、心配は無用。終わったらトレイを空にして、同じことを30分間繰り返してもらう。

これだけでもかなり楽しいと思うが、それに続く作業はさらに楽しい。トレイに載せて、トレイを空にして、またトレイに載せる、この作業を30分続けたあと、あなたは、48本の四角い杭がささったボードを渡される。次は何をするのか。この四角い杭を、1本ずつ4分の1回転させていき、これを30分間繰り返す。こんなにわくわくする実験に参加できるとなると、興奮が止まらないのではないか。

このような作業を楽しんでやる人もなかにはいるかもしれないが、99・99％の人にとっては、おそろしく退屈に感じられることは間違いない。では質問だ。これから参加する人がこの実験を楽しいと思うように説得してほしい、そう実験者から頼まれたらあなたはどうするか。そして、その見返りにお金を払うと言われたらどうか。これから参加する被験者に、実験が「楽しくてわくわくする」と思わせれば1ドルあるいは20ドルの報酬をもらえるとしよう。報酬の額によって、実験に対するあなたの態度は変わるだろうか。変わるとすれば、どのように変わるのだろう。

実際の実験では、20ドルではなく1ドルもらった人のほうが、より協力的な態度をとった（Festinger & Carlsmith, 1959）。なぜだろうか。常識で考えれば、報酬が大きいほうが態度も大きく変わるはずだ。なぜ、1ドルのほうが20ドルより好意的な態度を引き出すことができたのか。本章では、背後にある興味深い原理とその原理がもたらす驚くべき結果、さらに、他人を説得するためにどうやってそれを利用するか、その方法について説明しよう。

（非）整合性の力

時間を少し過去に戻そう。1954年、当時勢力を拡大しつつあったカルト集団がある予言をした。12月21日に大洪水が発生して地球が破滅に追いやられるというのだ。さいわい、その教団のリーダーによると、クラリオン星人が空飛ぶ円盤を派遣して、洪水前夜に教団のメンバーを救い出してくれるらしい。助かった。

12月21日がやってきた。洪水は起きなかった。では、そのカルトのメンバーはどうしたのだろうか。予言が外れたとわかった時点で自分たちが信じていた世界の終わりは間違っていたと認めた、現代の人びとはほとんどがそう思うはずだ。実際にはどうだったか。そんなことはなかった。まったく逆だったのだ。予言どおりに洪水が起きないという深刻な現実に直面した教団のリーダーは、洪水がやってくる日をただ変更しただけで、メンバーはさらに深くその教団の教えを信じるようなった。驚くべきことに、洪水を信じる気持ちは強くなったのだ。

社会心理学の有名な研究者、レオン・フェスティンガーは、空飛ぶ円盤の到着を待つ教団メンバーたちに気づかれないように、仲間たちとともにグループに潜入した。その教団の信者のふりをして、メンバーたちの行動を観察したのだ（なんと熱心な研究者だろう）。予定されていた日に洪水が来なかったあと、教団のメンバーたちが世界の終わりをさらに強く信じるようになったのを見て、フェスティンガーは重要な結論を導き出した。人間は、「態度」と「行動」のあいだでなんとか整合性を維持しようという強力な心理的欲求をもっているという結論だ。

この結論から、なぜボディランゲージが、それと対応する態度を引き出すのかを説明できる。何かボディランゲージをしながら（たとえば、うなずいていて）、そのボディランゲージが心のなかと矛盾していると（たとえば、うなずいているにもかかわらず、相手の言っていることに同意していないと）、心地悪さを感じるはずだ。これは「認知的不協和」と呼ばれる状態で、そうなると、心地悪さを解消しようという気持ちが働く。では、どのように解消するのか。多くの場合、態度を変えて行動と一致させるのである（たとえば、非同意から同意へと態度を変えて、うなずくというボディランゲージと一致させる）。

本章では、この原理がボディランゲージだけでなく行動にもあてはまることを説明する。自分自身の日々の生活を観察してみると、ほぼ毎日、認知的不協和から影響を受けていることに気づくはずだ。自分の考え方と矛盾する行動をとるたびに、心地悪さを感じ、なんらかの方法でそういう気持ちを解消しようとしている。

- ダイエットを始めたばかりなのに、ケーキを食べている。この矛盾した行動を正当化するために、今日は友だちの誕生日だからケーキを食べないのは「失礼」だ、と言い訳する。
- 盗みはよくないことだと思いながら音楽を違法ダウンロードしている。この矛盾した行動を正当化するために、「みんなやっているから」と主張する。
- 自分は勉強熱心な大学生だと思っているが、テスト勉強をせずに友だちと遊びにいくことにした。この矛盾した行動を正当化するために、４年生なのだから楽しまなければと自分に言い聞かせる。

今度、あなたが自分の考え方と矛盾する行動をしたら、行動を正当化しようとする自分のなかのかすかな声に耳を傾けてもらいたい。その声こそ、認知的不協和を解消しようとする試みにほかならない。

なぜ（非）整合性はそれほど強力なのか

前節の説明で覚えておいてもらいたい重要なことは、人間は、自分の態度と行動が矛盾するとその矛盾を解消しようとするということだ。ここでは、なぜそんなことが起きるのか、なぜボディランゲージだけでなく、行動すらそれと一致した態度を引き出して矛盾を解消しようとするのかを説明する。

ところで、あのカルト集団のメンバーは、どうしてあれほどのプレッシャーを感じて世界の終わりを信じ続けたのか。その背後に何があるのかを理解しようと思ったら、空飛ぶ円盤が来なかった日より前のメンバーの行動を見る必要がある。世界の終わりがやってくると知ったとたんに、教団メンバーの多くは、それにふさわしいと思う行動をとった。たとえば仕事を辞めたり、持ちものを売り払ったりしたのだ。

ところが、12月21日になっても予言されていた空飛ぶ円盤が現れず、彼らの信仰は困難に直面した。とはいえ、世界が終わらないという考えを受け入れてしまうことは、彼らの当初の行動と著しく矛盾する。不協和と心地悪さを乗りこえるためには何とかしなければならない。過去の行動は変えられないので、変えられるものを変えるしかない。自分の態度だ。空飛ぶ円盤が現れなかったとわかると、信者たちは自分たちの当初の行動を正当化するために、世界の終わりをより強く信じるようになったのである。

潜入していた研究者たちは、こうした驚くべき顚末を目にすると、この原理を検証するために本章の冒頭に紹介した実験を行った（Festinger & Carlsmith, 1959）。退屈な実験を終えた被験者に1ドルあるいは20ドルを支払って、これから実験に参加する人に対して楽しかったと嘘をつくように指示したのだ。つまり、心のなかで思っていることと矛盾する行動をとらせたわけだ。

研究者たちが調べたかったのは、この矛盾が実験への態度にいかに影響するかということである。そして、実験結果は、人間の行動についての理解を根底から変えるものとなった。当初、心理学者は、報酬が大きくなるのにともなって態度の変化も大きくなると信じていた。しかしフェスティンガーとカールスミスのふたりの実験から、より少ない報酬でより大きな態度の変化を生じさせることもあるとわかり、それまでの通念を揺るがしたのだ。

すでに認知的不協和について理解しているあなたなら、なぜ1ドルもらって嘘をつくように言われたときのほうが実験に好意的な態度をとるのか、想像がつくのではないだろうか。実験が楽しかったと嘘をつくように言われると、被験者たちは自分の態度と矛盾する行動をとらなくてはいけなくなる。したがって不協和を感じ、不快感を解消しようとする気持ちが働く。では、どう解消するのか。教団メンバーと同じで、行動を変えることはできない（つまり、実験に参加したという事実は変えられない）。したがって、唯一変えられるものを変えることとなる。すなわち、実験にたいする態度だ。

1ドルもらった人は、実際に実験に対して肯定的な態度をとるようになり、整合性を回復して不協和を解消した。実験を肯定的にとらえさえすれば、これから実験に臨む人に「楽しかった」と言っても態度と行動は一致していることになる。

ここでちょっと考えてほしい。では、20ドルもらった人たちはどうなのか。この実験では、嘘をつくようにと20ドルもらった人は、実験に対してまったく肯定的な態度にならなかった。1ドルしかもらわなかった人は、実験が楽しかったと感じるようになったのに、20ドルももらった人は実験をひどく退屈に感じたままだったのだ。いったい、どういうことなのだろう。

この違いが生じたのは、20ドルもらった人は自分の行動の矛盾をより容易に正当化できたからである。20ドルももらうと矛盾には正当な理由がある（大きな報酬がもらえる）ということになり、心地悪さをそれほど感じないですむ。しかし1ドルしかもらわないと、このような少額の報酬では矛盾を正当化するには不十分なので、心地悪さを強く感じて、それを解消しようとする気持ちが強く働く。

要するにこういうことだ。われわれ人間は、態度と行動が矛盾していると、認知的不協和という心地悪さを感じて、それを解消しようとする。また、その矛盾に納得いく理由がない場合（たとえば報酬が少ない場合）には、心地悪さを解消しようという動機はさらに強くなる。反対に、矛盾にきちんとした理由がある場合には（たとえば大きな報酬が与えられているときには）、行動に合わせて態度を変えなければならないというプレッシャーはさほど感じない。すぐに矛盾を正当化することができるからだ。

このことが当てはまるのは、何も報酬だけではない。たとえば、罰や脅しによって相手になんらかの行動をとらせたとしても、それと一致した態度を引き出せるわけではない。アロンソンとカールスミスは、別の有名な実験で、子どもたちにあるおもちゃを指して、このおもちゃで遊んではいけないと告げた（Aronson & Carlsmith, 1963）。さらに、一部の子どもたちには、そのおもちゃで遊んだら厳しい罰を与えると伝えた（たとえば、「そんなことをしたら、怒っておもちゃを片づけてうちに帰ってしまうからね」）。一方、ほかの子どもたちには、ゆるい警告のみを与えた（たとえば、「このおもちゃで遊んだら、わたしはきっといやな気持ちになる」）。どちらのグループの子どもたちも、実験者の要求どおり、そのおもちゃで遊ぶことはなかった。しかし、しばらくしてから、何の罰も示されずに同じおもちゃに触れる機会が与えられると子どもたちはどう行動しただろう。考えてみてほしい。

想像していただけたと思う。ゆるい警告を示された子どもは、今度もそのおもちゃで遊ぶことはなかった。なぜか。はじめのゆるい警告は、態度と行動の矛盾（つまり、目の前に遊びたいおもちゃがあるのに、それで遊べないという矛盾）を正当化するには弱過ぎた。そこで子どもたちは、そんなおもちゃは好きではないという態度をとることで、行動と態度の矛盾を解消させたのだ。一方、厳しく脅されていた子どもは、矛盾した行動（そのおもちゃで遊んでいないということ）を、大きな罰のせいだと考えてたやすく合理化できた。その子たちにとって、そのおもちゃで遊んでいないのは厳しく警告されたのが原因であって、そのおもちゃが嫌いになったからではない。したがって、その子たちがふたたび同じおもちゃを目の前にすると、それで遊ぶ可能性が高くなる。おもちゃを嫌ってはいないからだ。

研究者はこの現象を「不十分な正当化」と呼んでいる（Shultz & Lepper, 1996）。ボディランゲージや行動と一致した態度をもつようになるには、外部からの大きな報酬や脅しによって誘導されていると感じているのではなく、自分の意思で自由に行動していると思っていなければならない。正当化する理由が強過ぎると認知的不協和は起こらない。態度と矛盾した行動をとるのは、そのせいだと考えるからだ。12章でインセンティブについて論じる際にふたたびこの点には触れるので、ぜひ覚えておいてもらいたい。

説得の戦術

行動の整合性をつくりだす

説得のための主要な戦術はとてもシンプルだ（同時にきわめて強力でもある）。こちらが意図する態度をとるようにだれかを説得しようと思ったら、その態度と一致した行動をとらせるようにすればいい。その行動をとると、行動と合致した態度をとるようになる可能性が高まる。ここでは、この考え方を応用した戦術をいくつか紹介する。

フット・イン・ザ・ドア・テクニック

ロバート・チャルディーニの本（Cialdini, 2001）で広く知られるようになった「フット・イン・ザ・ドア」というテクニックは、大きな可能性をもった説得術のひとつだ。少し大きなリクエストに応じてくれるよう相手を説得するときには、まず小さなリクエストに応じてもらうと有利にことをはこべる。

小さなリクエストには応じてもらえる可能性が高い。そして、一度リクエストに応じた相手は、それと一致した態度をとるようになり、自分はあなたを助けるタイプの人間だと思うようになる。そのあと、より大きなリクエストをされると、態度と矛盾しない行動をとろうとするプレッシャーが働くので、応じる可能性が高くなる。リクエストに応えないと、小さなリクエストに応じたあとにとるようになった新しい態度と矛盾するので、心地悪さを避けるために一貫性を保とうと大きなリクエストに応えるのだ。

このことを最初に検証した有名な研究を見ると、さらによくわかるだろう（Freedman & Fraser, 1966）。その研究では、ボランティアのふりをした実験者がふたり、民家を訪ね、かなり大きなリクエストをした。「運転に注意」と書かれた、見苦しい巨大看板を家の前庭に立てさせてもらおうとしたのだ。このリクエストだけをした場合には、17％の人しか応じなかった。こんなに迷惑でおかしなリクエストは、たいていの人が即座に断るだろう。では、別のグループでは76％もの人がこのリクエストに応じたのは、いったいなぜだろうか。

別のグループの人々に対しては、この大きな看板を立てさせてくれるよう依頼する数週間前に、小さなリクエストをしていた。「安全運転でいきましょう」と書かれた長さ7・5㎝の小さな看板を立てさせてほしいと頼んだのだ。依頼を受けたほとんどの人が、これに応じた。とても小さなリクエストだったからだ。これだけだとたいしたお願いでないようだが、この小さなリクエストに応じた家は、より大きな看板を立させてほしいと数週間後にお願いすると、それにも応じることが多かった。小さなリクエストに応じることで、安全運転に関心がある人間というイメージと一致した態度をとるようになったのだ。したがって、より大きな看板を立てるように数週間後にリクエストされると、一貫性を保つためにそれにも応じなければというプレッシャーを感じたのである。

小さなリクエストに応じることでとるようになったのは、「安全運転に関心をもつ」という態度だけだったのだろうか。はじめの小さなリクエストが、安全運転と関係のないものだったらどうなっていたのだろう。実験の結果、安全運転と関係ないものでも、はじめに小さなリクエストに応じてもらうと、それに続くリクエストにも応じてもらいやすいことがわかった。先の実験では、いくつかの家では、環境問題の署名に協力してもらったり、「カリフォルニアを美しく」という小さな看板を立てさせてもらったりしたのである。たしかに同じようなテーマでリクエストをしたときに（つまり、はじめが安全運転の小さな看板、次が安全運転の大きな看板の場合に）、応じてくれた家はもっとも多かった（76％）が、まったく関係のないテーマでリクエストしたときにも（つまり、はじめが署名やカリフォルニア美化の小さな看板、次が安全運転の大きな看板の場合にも）、およそ50％の人が応じてくれた。カリフォルニアを美しくというテーマは、安全運転に協力的な態度を引き出しはしなかったかもしれない。しかし、自分たちのコミュニティにプライドをもつ態度や、単純に他人にやさしく接するという態度を引き出すことには成功したのだ。

ローボール・テクニック

小さなリクエストをして応じてもらってから別の大きなリクエストをするテクニックを紹介した。それに加えて、小さなリクエストから始め、応じてもらえたらそのリクエストのサイズをだんだんと大きくしていく方法もある。

これは「ローボール・テクニック」と呼ばれ、営業担当者が顧客に影響を与えるのによく使われる手法だ（Cialdini, 2001）。自動車販売店などで頻繁に使われるテクニックなので、あなたもその毒牙にかかったことがあるかもしれない。たとえば営業担当者と交渉して、かなりお得な値段にしてもらうことができた。担当者が事務所に戻って書類を整えているあいだ、あなたは安く新車を買えたとほくほく顔で待っている。しかし実際には、営業担当者はただバックルームで時間をつぶし、あなたが新車についての想像を膨らませるのを待っているだけだ。

数分後、営業担当者は残念な知らせをもって戻ってくる。上司の許可が得られなかったので、あと５００ドル高くなってしまうというのだ。しかし、あなたはいったん同意して勢いがついているので、大きくなった相手のリクエストにもそのまま応じてしまう。すでに新車についての想像も膨らませていたし、その車がほしいという行動も示した。こうして、営業担当者は、人形師が操り人形の糸を引くのと同じように認知的不協和の糸を引いて、より大きなリクエストをあなたが受け入れるように導いていく。

こちらから態度を提示する

ターゲットにある行動をとらせて、その行動と一致した態度を引き出すのもひとつの手だが、同じ目的は、こちらが意図する態度をとらせるよう密かにターゲットに影響を与えることでも達成できる。相手に自分は機嫌がいいと感じさせることによって、機嫌のいいときの行動を引き出すことができるのだ。

では、どうすれば機嫌がいいなどと感じさせることができるのか。これが、意外と簡単にできるのだ。だれかと出くわしたら、たいていは「お元気ですか?」と尋ねるだろう。このごくありふれた質問には、100回中99回は「元気です」という答えが返ってくるはずだ。われわれが慣れ親しんだ社会的マナーだからだ。最悪の一日を送っていたとしても、おそらく普通に「元気です」と答えるのではないだろうか。

これは一見、何の意図もない自動的な答えのようだが、「元気」だと公言することで、こちらのリクエストを聞いてもらいやすくなる。「元気」であると公に示すと、ポジティブな態度と一致する行動をとらねばならないというプレッシャーを感じるからだ。リクエストに応じるのもポジティブな行動のひとつだ。

いまみなさんが何を考えているのか、ぼくにはわかる(覚えているだろうか、ぼくはマインド・リーダーだ)。こう思っているのではないだろうか。「元気です」と答えるのが当たり前になっているのだから、こんな返事は実際には意味を失っているのではないか。もう完全に自動的な答えになってしまっていて、他人の態度を変えさせるほどの力はないのではないか。ましてや行動を変えさせたり、リクエストを聞いてもらえる可能性を高めたりすることなどできないのではないだろうか。そんなふうに思うかもしれないが、研究結果を見るとそうではないことがわかる。

ダニエル・ハワードは、この戦術を検証する実験で、テキサスの住人に電話をかけ、飢餓救済ボランティア団体の資金集めのためにクッキーを買ってもらいたいので、その団体のメンバーが家を訪れてもかまわないかと尋ねた（Howard, 1990）。そのリクエストだけの場合には、18％の人が受け入れた。しかし、はじめに「ご機嫌はいかがですか？」と尋ねて、それに対して肯定的な答え（「元気です」「いいです」など）が返ってきた場合には、ほぼ倍の32％が自宅訪問のリクエストを受け入れた。肯定的な態度であると口にしたので、それと矛盾しないようにというプレッシャーが働き、リクエストを受け入れる可能性が高くなったのだ。

覚えておくといい。次に警官に車を止められたときには、まずは「お元気ですか？」と尋ねるのを忘れないこと。

現実世界への応用❷

ユーチューブから本を買わせる

自己知覚理論や認知的不協和、はたまた行動と一致した態度をとろうとする傾向は、どのように応用すればいいのだろうか。ぼくはユーチューブにマインド・リーディングについての動画をアップロードしているのだが、そこに添えた説明文を見てもらいたい。2013年9月時点ではこんなふうになっている。

秘密を知りたければ……

無意識のうちに相手の考えに影響を与える方法を開発した。どうするのか知りたい？　その興味深い方法については、ぼくの著書『人を操る説得術』の1章で説明している。

アマゾン：http://www.amazon.com/……

（電子書籍版はたったの4・99ドル！）

****

ぼくはニック・コレンダ。プロのマインド・リーダーで心理学研究者だ。詳しくは……

ブログ：www.NickKolenda.com
フェイスブック：www.facebook.com/mentalismshow
ツイッター（新）：www.twitter.com/nickkolenda

何の変哲もない説明のように思われるかもしれないが、ここには心理学の原理がいくつか含まれていて、見た人に本を買うようプレッシャーを与える仕掛けがされている。

はじめの1行「秘密を知りたければ……」は、直後に空行が入っていて残りの部分から切り離されていることに気づいただろうか。ユーチューブの動画を見る人には、説明文はその1行だけしか見えていない。説明の続きを見るには、「もっと見る」のボタンをクリックする必要がある。

なぜこれが重要なのか。はじめの「秘密を知りたければ……」という呼びかけに、心のなかで「知りたい」と答えると、秘密について知りたいときの態度をとるようになる。そして、その態度と矛盾しないように行動しなければならないというプレッシャーを感じるようにもなる。「もっと見る」をクリックして残りの説明を見ると、この行動によって態度がさらに補強され、秘密を知りたいという欲求が一層高まる。「どうするのか知りたい？」という問いかけを読むと、たいていの人はふたたび心のなかで肯定の反応をして、それがさらに態度を補強する。

この時点ですでに、ページへの訪問者は秘密を知りたい人の態度をとる行動を3つ行っている。そのまま読み続けて本へのリンクを目にすると、態度の一貫性を保つために、最低でもクリックしようというプレッシャーは感じるはずだ。そして実際にクリックすると、これが態度を補強する4つ目の行動になる。こういった過程を経てどんどんプレッシャーを募らせていき、実際に本を買って態度の一貫性を保とうとするのだ。

ステップ 3

社会的プレッシャーを与える

Trigger Social Pressure

リクエスト前	ステップ1	M	認識を形づくる
	ステップ2	E	行動と一致した態度を引き出す
	ステップ3	**T**	**社会的プレッシャーを与える**
	ステップ4	H	メッセージを定着させる
リクエスト中	ステップ5	O	メッセージをもっとも効果的に提示する
	ステップ6	D	モチベーションをさらに高める
リクエスト後	ステップ7	S	影響を持続させる

ステップ3のあらまし

「社会的プレッシャーを与える」とは？

ターゲットの認識を形づくって、とらせたい態度も引き出すことができた。実際にリクエストをする前に、あとひとつ踏んでおかねばならないステップがある。

ターゲットが感じるプレッシャーを最大まで高めるには、さらに社会的プレッシャーを利用するといい。影響力と説得について書かれた本では、たいてい社会的プレッシャーの重要性を強調している。なぜか。相手の行動を変えさせるのに、それが驚くべき効果を発揮するからだ。

意識しているかどうかは別にして、われわれはよく（毎日といってもいい）、他人を見て自分の行動を決めている。みんなが同じような行動をとっていると、自然と自分も同じ行動をしなければと感じる。METHODSの第三のステップでは、この傾向をどんなふうに利用してターゲットに影響を与えるのかを説明する。初めの章では、社会的規範と集団行動を利用する方法を示し、次の章で焦点を絞り、人間関係から生じるプレッシャーを利用して相手とよい関係を築く方法を解説する。

6 社会的規範を強調する

下の図を見てほしい。右側の3本の線のうち、どれが左側の線と同じ長さだろうか。AかBかCか。Bだろう。なぜわざわざ、こんな当たり前のことを尋ねたのか。しかし、答えがそれほどはっきりしているなら、ある実験で76％もの人が間違った回答をしたのはなぜだろうか。被験者にたまたま目が悪い人が多かったから？　あるいは何らかの心理学的な力に影響を受けていたから？　この本を読んでい

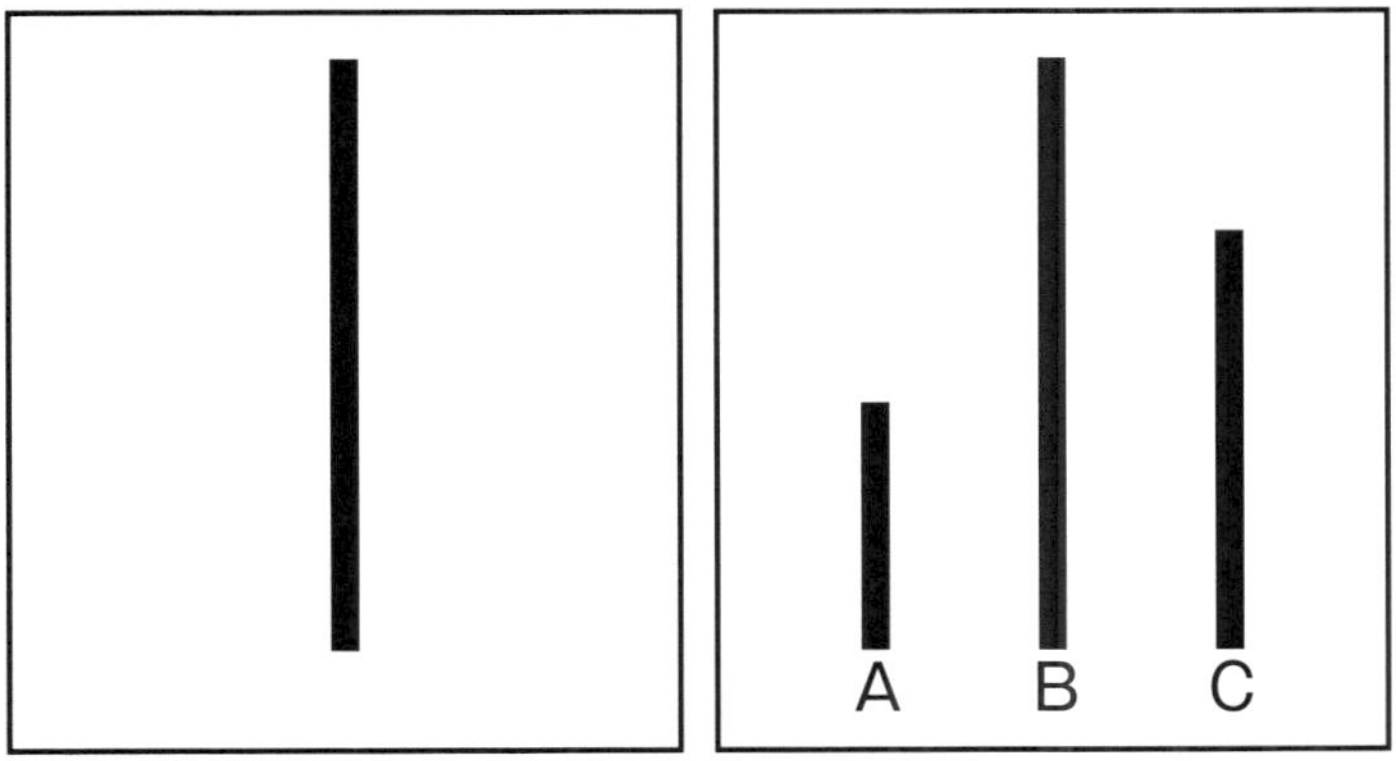

標準線　　比較線

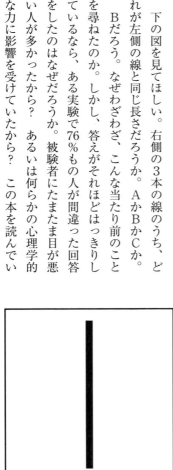

るみなさんなら、おそらく後者だと想像していただけるだろう。本章ではこの心理の力を説明し、なぜこれほどまでに強力なのか、どんなふうにそれを活用して説得力を高めるのかを解説したい。

社会的プレッシャーの力

なぜ、それほどたくさんの人が間違った回答をしたのか。それについては、1950年代にソロモン・アッシュという有名な社会心理学者が画期的な研究をしている。アッシュが調べたかったのは、われわれがどれだけ周りに合わせようとするのかということだった。そして、実験結果は心理学に新たな旋風を巻き起こした（Asch, 1951）。

その実験では、7人の被験者が横一列に並び、この章のはじめに示したのと同じ線を見せられた。配置と座席位置は、だいたい下の図のとおりだ。

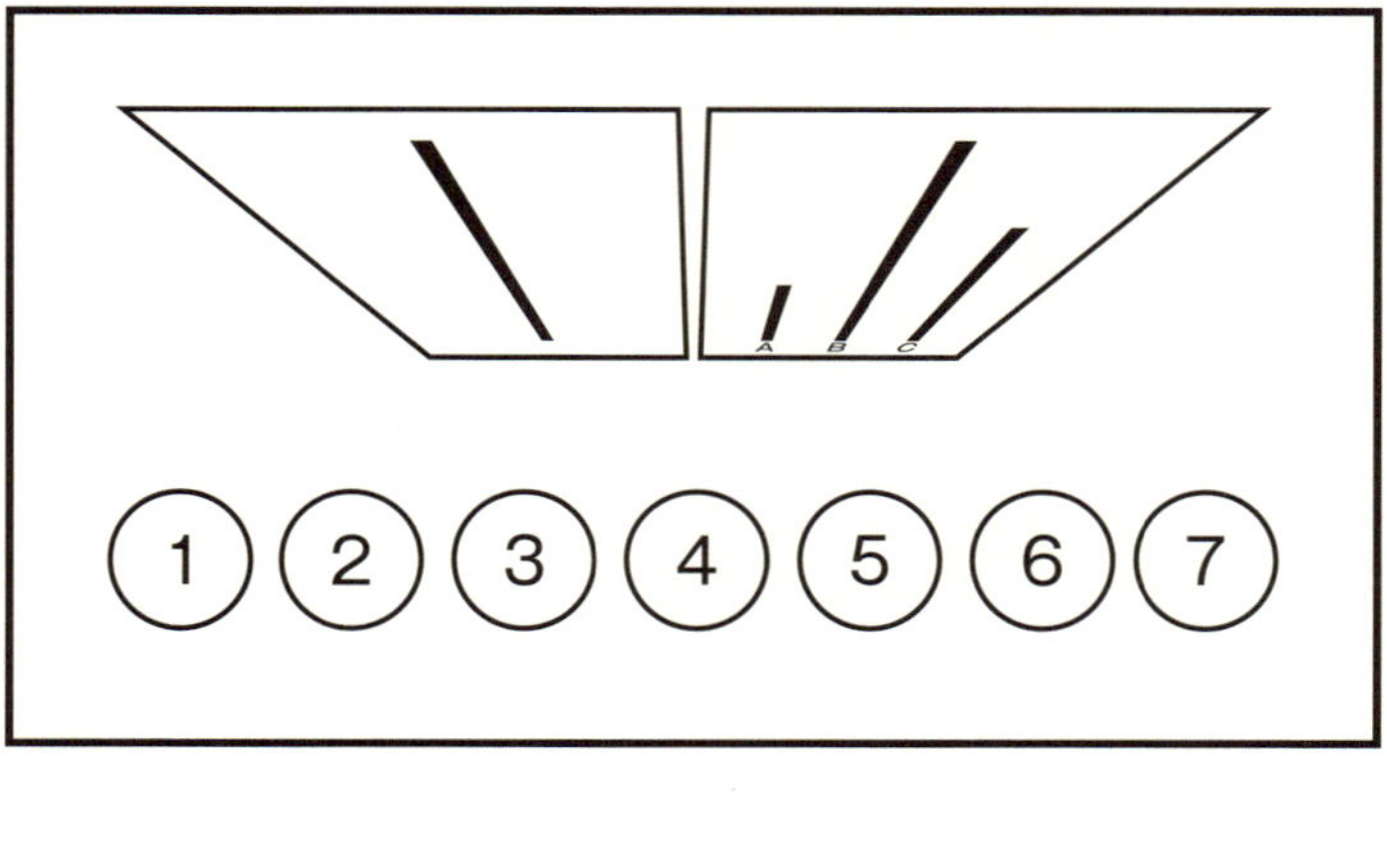

あなたは6番の位置に座っているとする。1番に座っている人から順に、実験者は口頭で〝単純な〟質問をする。つまり、比較線のうちどれが標準線と同じか尋ねていくのだ。

1番の人が答える前に、あなたはすぐにBが正解だとわかるはずだ。こんな単純な質問をするなんておかしいのではないかと思うかもしれない。そのため、1番の人が「C」と答えると、あなたは不意をつかれる。だが、まあそうなのかとあなたはたいして気にしない。2番の人はちゃんとBと答えるはずだ、そう確信をもっているからだ。

残念ながらそうはならない。2番の人も「C」と答えると、あなたのなかのちょっとした懸念が、たちまちパニックに変わる。どうすればいいのだろう。何か見落としているのか。線を再度じっくり見て、何か見逃していないか確認するが、時間切れだ。もう一度よく考える前に、3番、4番、5番の人がみんな、口をそろえて「C」と答えた。まずい、あなたの番だ。この状況で、あなたはどうするだろうか。当初の答え、「B」のままでいくのか。実験の結果によると、おそらくそうはしない。

実験では、6番に座っている人だけが本物の被験者で、あとはみなアッシュに雇われた実験協力者だった。協力者はみな間違った回答をするよう指示を受けていた。6番の人に社会的プレッシャーを与えるためだ。実験の結果、社会的プレッシャーは多くの研究者が想像していたよりも強力だということがわかった。正解がこれほどあからさまであるにもかかわらず、76％もの人が同調して間違った回答をしたのだ。次に、この心理の力がそれほどまでに強力な理由を示そう。

なぜ社会的プレッシャーはそれほど強力なのか

ここでは、われわれが社会的プレッシャーに屈するふたつの理由を示す。情報的影響と規範的影響だ。

情報的影響

まずわれわれは、自分の考えが間違っていると思うと、ほかの人の考えや行動に合わせようとすることがある。ほかの人たちの考えが自分の考えと違っていると、自分の考えが正しいのかと疑問を感じるようになる。考えの対象となる情報があいまいなときは、さらにその傾向が強くなる。

アッシュの実験では答えは明らかだったが（この場合は、次に説明するような規範的影響が生じる）、明確な答えが出ない状況では、自分の考えを信じられなくなり、情報的影響が起こる。

他人に同調してしまうことに関する別の有名な実験を見てみよう。情報があいまいな場合の実験だ。１９３０年代にムザファ・シェリフは、自動運動効果にたいする人々の認識に社会的プレッシャーがいかに影響を及ぼすのかを調べる実験を行った（Sherif, 1936）。自動運動効果とは、周囲が完全にまっ暗なときに小さな光が動いているように「見える」目の錯覚のことだ（止まっているはずの光が闇のなかで動いているように見えるのは、光の状態を把握するのに基準となる点がないからだ)。

実験では、被験者は暗い部屋にひとりで入れられた。被験者の4・5m先には小さなライトがある。光が2秒間点灯し、被験者はその間に光がどれだけ動いたかを当てるよう求められた(実際には光は動いていない)。ひとりひとり別々に答えた場合には、その数値は人によって大きく違った。

ところが、3人を同じグループにして口頭で推測値を出してもらうと、面白いことが起きた。グループで推測させると、回を重ねるにつれて互いの値がどんどん近づいていったのだ。たとえば、1回目には3人がそれぞれ2・5㎝、7・5㎝、20㎝と答えたとしよう。すると2回目には、答えは5㎝、7・5㎝、12・5㎝となり、3回目になるとさらに近づき、7・5㎝、7・5㎝、10㎝というような結果が出る。回を重ねるごとに、3人の数字は必ず3人の出した数値の平均値へ向かって近づいていくのである。

質問への答えがあいまいなときには、正しい答えがわからないのでよけい周りに同調する。ほかの人が推測した値を聞いて、自分の推測値の正しさに疑問をもつようになり、ほかの人の推測値に近づくように徐々に調整していくのだ。

ところで、被験者は光の動きについてほんとうに自分の考えを変えたのだろうか。ただ自分だけ人と違ってしまうのを避けるために思っているのとは別の推測値を口にしただけとは考えられないだろうか。集団での実験を終えたあとに、またひとりずつテストしてみた。すると被験者たちは、グループ実験のときに近づけていった値と同じような推測値をふたたび出した（Sherif, 1936）。答えがはっきりしておらずあいまいなときには、情報的影響が起きる。しかし答えがよりはっきりしているときには、情報的影響ではなく規範的影響が起きる。

規範的影響

おそらく、規範的影響は情報的影響よりもさらに強力である。社会のなかで生じる葛藤を避けるために周囲に同調するプレッシャーのことだ。

シェリフの実験とは異なり、アッシュの線の実験で被験者が自分の考えと違う答えを口にしたのは、自分の考えを信じられなくなかったからではなく、自分だけ違う人間だと思われるのを避けようとするプレッシャーからだった。

追加実験では被験者は、到着するのが遅かったので、答えをほかの人のように口にするのではなく、紙に書くようにと指示された。まったく同じ条件であったにもかかわらず、答えを紙に書くように言われた場合には、被験者は周囲に同調することはなかった。答えが違うことがほかの人にばれないからだ（Asch, 1956）。このように、われわれが周囲に同調するのは、自分の考えが変わったとき（情報的影響）だけでなく、自分だけ違う人間だと思われて社会から排除されるのを避けようとするときでもある。

なぜ、社会的排除の影響はそれほど強力なのか。生物学的見地から近年の研究で明らかになったのが、社会的排除によって感じる心の痛みと身体的苦痛は同じ「神経回路」（前帯状皮質）を共有しているということだ（Eisenberger & Lieberman, 2004）。社会的排除の影響が強力なのは、文字どおり痛みをともなうからだ。

「へえ、それで？」とあなたは思うかもしれない。「社会的排除が身体的痛みをともなうというなら、痛み止めを飲めばよくなるじゃないか」そう、実際そのとおりなのだ。社会的排除は身体的苦痛と同じ脳神経回路を共有しているので、痛み止め薬タイレノールによって社会的排除から生じた心の痛みが和らぐことが実験で証明されている（DeWall et al., 2010）。

社会的プレッシャーはどれだけ強力か

具体的な説得術を紹介する前に、他者の行動をもとに自分の行動を決めることがいかに危険か説明しておきたい。説得とは直接的には関係のない話しだが、ここに書くことはとてつもなく重要だ。目を覚まして、心して読んでほしい。

女性の名はキティ・ジェノビーズ。１９６４年3月13日、ニューヨーク市クイーンズ区で残酷にもレイプされ殺害された。彼女の死がとりわけ悲惨だったのは、公衆の面前で事件が起きたからだ。近くでは人が見ていた。たくさんの人が見ていた。助けを求めて大声を出していたにもかかわらず、しかもその叫び声は20分間も続いていたにもかかわらず、38人の目撃者は、事件が起きてから45分経つまで、だれひとりとして警察に通報しなかったのだ。通報があるとすぐに警察が駆けつけたが、数分遅かった。キティは、警察の到着後、間もなく息を引き取った。

なぜこれほどひどいことが、公衆の面前で起きたのか。目撃者は血も涙もない冷酷な人ばかりだったのだろうか。あるいは、なんらかの心理の力が働いたのか。ジョン・ダーリーとビブ・ラタネというふたりの社会心理学者は、そこに心理の力が働いた可能性について研究している（Darley & Latané, 1968）。

想像してほしい。あなたは実験に参加するためにやってきた。実験者の説明では、あなたはほかの被験者たちと個人的なことについてインターコムで話をするのだという（個人的な話をするので、匿名性を確保するためにインターコムを使う）。遠慮なく会話をしてもらいたいので、実験者がその会話をインターコム越しに聞くことはない。録音したものをあとで聞く。なお、会話を整理するために、インターコムに向かって一度に話せるのはひとりだけとする。話し終えた人はボタンを押して、ほかの人が話せるようにする。

それでは実験開始。個室に座り、ほかの実験参加者からインターコム越しに話しかけられるのを待つ。今回の実験では、あなたはひとりとだけ話をすると告げられている。相手の参加者が話しかけてくると、あなたは個人的なことについて会話を始める。話の途中で相手は、恥ずかしそうにあることを告白する。ときどき発作に襲われるので大学生活にうまく適応できていないというのだ。率直で興味深い告白だが、この時点では特別びっくりほどのことではない。しばらく話を続けていると、会話の最中に相手がこんなことを言い出す。

あああ、あああ、だ、だれか、だれか……ほ、発作が起きて［息を詰まらせるような音］……し、し、死にそう、死にそう、助けて、ほ、ほ、発作が［息が詰まる音、そして静寂］（Darley & Latané, 1968, p. 379）

大変だ。発作が起きたかもしれないが、そのことを知っているのはあなただけだ。あなたはどうするか。助けを求めにいく？　もちろんそうするだろう。実際、実験でもそうなった。自分しか発作のことを知らないと、ほぼ全員がすぐさま部屋を飛び出して、助けを求めた。

しかし、インターコムでの会話に多くの人が参加していると信じ込まされている場合には、興味深くも恐ろしい結果となった。実験者は、一対一での会話のあとでときどきほかの人の声を録音したものをインターコムから流し、多くの人が会話に参加していると被験者に思い込ませる実験を行った。ある人は3人での会話に参加していると信じ込まされ、またほかの人は6人で会話をしていると信じ込まされた。実験結果は、キティ・ジェノビーズの悲劇を理解する手助けとなるものだった。

ほかにも会話に参加している人がいると思っている場合には、助けを求めにいく人の割合が大幅に減ったのだ。発作の危険をもっている人と話しているのが自分だけだと思っているときには、85%の人がすぐさま助けを求めに部屋を出た。しかし、3人のグループだと、その割合は62%にまで下がった。6人グループとなると31%にまで落ちた。人数が増えるほど、自分が積極的に助けを求めにいく必要を感じなくなったということだ。発作を起こしている人の声を聞いているにもかかわらず、助けを求めにいこうとしないのだ。

なぜわれわれは、これほど冷酷なのだろうか。いや、われわれが冷酷というわけではない。たくさんの人がいると、ふたつの心理的な力に屈して、自分が手を差し伸べる可能性が下がってしまうのである。

▼**責任の分散**：発作の実験では、参加者が自分しかそのことを知らないと思っているときには、ほぼ全員がすぐさま行動した。すべての責任が自分にかかっているからだ。しかし多くの人が会話に参加していると思っているときには、責任は分散される。人数が多くなれば多くなるほど、ひとりひとりが感じる責任は軽くなる。だれかほかの人が助けを呼ぶだろうと思うからだ。キティ・ジェノビーズ殺害事件のときには、38人が目撃していた。全員の部屋にレイプと殺人の騒ぎが聞こえていたにもかかわらず、だれも警察に通報しなかった。だれかがすでに通報していると誤って思い込んでいたからだ。

▼**聴衆抑制効果**：ふたつ目は、助けを呼んだにもかかわらず、ほんとうは「緊急事態」ではな

かった場合には恥ずかしい思いをするという気持ちによるものだ。助けを求めたのに発作が起きていなかったら気まずい。そういった事態を避けたいあまりに、状況があいまいだと助けを求めないほうへ気持ちが傾くのだ。ほんのわずかの気まずさが人命救助を妨げるのだから、ショッキングだ。

この本のどこか一か所を覚えておくなら、この節を覚えておいてほしい。ここで示すアドバイスは、あなたやほかのだれかの命を救うかもしれない。だから、説得術に移る前に、ぜひこの話をしておきたかったのだ。

だれかを助けるときには、社会的プレッシャーに屈してはならない。たとえ状況があいまいでも、必ず積極的に行動してほしい。だれかが窮地に陥っているようだったら、責任をほかの人に分散しないでもらいたい。ほかの人はあなたを見て、行動するかどうかを決めるのだから。あなたが行動しなければ、ほかの人が行動する可能性も低い。だれかが廊下の端に横たわっていて、みんながその横を通り過ぎていても、その人は眠っていると思い込まないでほしい。足を止めて、その人は大丈夫かどうか確認してから先に進むようにしてもらいたい。

あるいは自分自身が窮地に陥ったら、漠然と助けを求めてはならない。ただ漠然と助けを求めるだけでは、周囲の人たちは責任を分散させてしまう。ほんとうに助けが必要なときには、①特定の人を指さして、②たとえば「警察に電話してください」というように、その人に具体的で直接的にお願いをすべきだ。これが、切迫した状況に置かれたときに、他人を「説得」して助けてもらう正しい方法だ。

説得の戦術

社会的規範を強調する

ここまでで、社会的プレッシャーにかかわる重要な情報を理解してもらえただろう。では、それを利用してだれかを説得するには、どうすればいいのか。ここでは、ターゲットに社会的プレッシャーを与える巧みなテクニックをいくつか紹介する。

規範をこちらが望むほうへ向けさせる

社会的規範を説得に用いる際にとても都合のいいことがある。規範は状況によって変わるということだ。あなたが図書館にいて、みんなが大きな声で話していると（図書館では静かにすべきという通常の規範から外れた行動だ）、ここでは規範はルーズなのだと考えて、小さな声で話すという規範に従うプレッシャーは小さくなる。

社会的規範は揺るぎないものではなくある程度柔軟なので、状況を変化させることで、こちらが望む社会的規範を相手に感じさせるようにもできる。たとえば、ゴミのポイ捨てについて調べた研究者がいる。その結果、すでに落ちているごみの量と比例してポイ捨てをする人の数が変化することがわかった。ごみの数を1から、2、4、8と増やしていくと、ポイ捨てをする人の割合も、それぞれ10％、20％、23％、41％と上がっていった（Cialdini, Reno, & Kallgren, 1990）。すでにごみが落ちていると、路上にごみをポイ捨てするという規範にならいがちになる。逆に落ちているゴミが少ないと、ごみ箱にごみを捨てる規範に従う可能性が高くなる。

ではこのことを、どのように説得に応用すればいいのだろうか。チップを例に挙げよう。あなたは、チップを入れる瓶がカウンターに置いてある店で働いているとする。客にチップをたくさん入れてもらおうと思ったら（あるいは、そもそもチップを入れてもらうためには）、仕事前にある程度の額の紙幣をそこに入れておくといい。すでにお金が入っていると、客はチップをはずむという社会的規範を感じる。さらには、紙幣が入っていると、少額のコインではなく紙幣で払うのが規範だとも感じさせることができる。

みんなでチップを分け合うことになっている職場であれば、はじめにいくら入れておいたのかをみんなに伝えておいて、仕事後にたまった額からその分を差し引けばいい。こんな単純なテクニックを使うだけでどれだけチップが増えるか、驚くはずだ。

では、チップをたくさん払わせるというように何かをさせるのではなく、大学生に飲酒を控えさせるときのように、何かをしないようにさせるにはどうしたらいいのだろうか。その場合も社会的規範を利用するといい。たとえば、あなたが大学の委員会から依頼を受けて、学生がアルコールを飲み過ぎないよう注意を促す掲示をするとしよう。次のふたつのメッセージのうち、どちらがより効果的だろうか。

▼最近の調査で、本キャンパスでは驚くほど多くの学生がアルコールを過剰摂取していることがわかりました。飲み過ぎに注意しましょう。

▼最近の調査で、本キャンパスではほとんどの学生が、注意をしながらアルコールを飲んでいることがわかりました。ひきつづき、飲み過ぎに注意しましょう。

大規模な実験によって、ふたつ目のほうがはるかに効果があることがわかっている（Cialdini et al., 2006）。ひとつ目のメッセージは、アルコールの過剰摂取という問題があることを強調している。そこにはもちろん、問題を改善すべきという意図が含まれてはいるのだが、残念ながらこの種のメッセージは百害あって一利なしだ。なぜならば、アルコールの過剰摂取という望ましくない行動へ向かう規範に目を向けさせるからだ。

アルコールの飲み過ぎであれ、自殺であれ、家庭内暴力であれ、その他のどんな行為であれ、有害な行為を防ごうと思ったら、有害行為にではなく、望ましい行為を導く規範に目を向けさせるほうが大きな効果を得られる。ふたつ目のメッセージのほうが飲み過ぎを減らすのに効果があるのは、注意をしながら飲酒するという望ましい行動を導く規範へ目を向けさせるからだ。ロバート・チャルディーニが言うように、「『たくさんの人がよくないことをやっている』という言葉の背後には、『多くの人がこれをやっている』という強力でな規範的メッセージが隠れている」(Cialdini, 2003)。

まとめると、だれかに何かをさせる、あるいはしないようにさせるには、望ましい行動へ向かう規範に目を向けさせるべきだ。チップを増やしたいのなら、ほとんどの客がたくさんチップを置いていくように見せればいい。アルコールを控えさせようと思ったら、ほとんどの学生が注意しながら飲酒していると示せばいい。ターゲットには必ず、従わせたい方向へ向かう規範に目を向けさせるべきだ。

次に、具体的で強力な社会的規範を検討しながら、さらに発展させて、ターゲットにプレッシャーを与えるために利用できる別の戦術を紹介したい。

相互性規範

もっとも強力な社会的規範のひとつは「相互性」である。われわれとほかの人たちとのあいだには「相互性のシーソー」があってバランスを保とうとしている。だれかが何かしてくれたら、シーソーがこちらに傾く。お返しに何かして、またシーソーのバランスをとらなければという義務感に駆られる。この本能的なプレッシャーが、きわめて強力な説得術につながることがある。

本題に入る前に、なぜわれわれはプレッシャーを感じるのかを考えてみよう。相互性のプレッシャーを感じるのには、ふたつの理由がある。第一に、お返しをしないと社会的規範から外れてしまい、その結果、この章ですでに見たように「社会的排除」の痛みを感じるからだ。つまり相互性は、お返しをしないことで生じる社会的排除の痛みを防ごうとする試みである（Cialdini, 2001）。

第二に、この表面的な動機だけでなく、われわれは内面的な義務感も覚えるからだ。だれかがシーソーをこちらに傾けたら、お返しをしなければという義務を感じる。そのお返しが相手に気づかれなくてもかまわない。ジェリー・バーガーらが、ある実験でこれを検証している（Burger et al., 2009）。視覚をテストする実験を装って行われたもので、ふたりの学生が同時に参加する。ひとりは実験者に雇われた協力者だが、もうひとりにはそのことは知らされていない。

あらかじめ決められていた休み時間に、協力者の学生が部屋を出て、ペットボトルの水を2本もって戻ってくる。1本は自分に、もう1本はもうひとりの学生に（生物部が無料で配っていたから1本余分にもらってきたと言う）。実験の終わりに、協力者はもうひとりの学生に、自分の心理学の教授のためにアンケートに回答してもらえないかとお願いする。アンケートは強制ではなく、完全に匿名だ（回答は数日後に心理学部の外にある箱に入れてもらうので、実際にその人がアンケートに答えたのかどうかはわからない）。どのような結果が出ただろうか。

水のボトルをもらわなかった学生は、10％しか協力しなかった。しかし水のボトルをもらった場合には、3倍の30％が協力した。学生がアンケートに答えたかどうかは、実験協力者にはわからない。それにもかかわらず、水のボトルをもらった学生は、受けた好意にお返しをしなければいけないという義務感を覚えたのだ。相互性規範は強く「内面化」されているので、だれも見ていなくてもそれに従おうとする（Burger et al., 2009）。

では、具体的には、どのようにしてこういったプレッシャーを与えればいいのだろうか。次節では、相手のほうへ相互性のシーソーを傾けるのに使える、ふたつの単純なテクニックを検討する。「余計なお世話」と「お世辞」だ。

余計なお世話

先ほどの実験の水のボトルのように、余計な世話を焼くことで、相手に強力な義務感をもたせることができる。

ほとんどの人は経験したことがあるはずだ。車に乗っていると、だれかがどこからともなく現れて、車の窓を拭き始める。うっとうしく感じるのではないだろうか。残念なことに、こういったうっとうしい余計なお世話は、おそらく今後もずっとなくならないだろう。なぜか。相互性のシーソーを傾けるのに、きわめて効果的だからだ。

このような余計なお世話に文句をつけるのではなく、自分でうまく使ってみたらどうだろう。ささやかな余計な世話を人にほどこして、見返りを引き出す機会は無数にある。先ほど、チップの瓶に紙幣を入れておくことで、多くのチップを得られるという戦術について説明した。しかし、ウェイターやウェイトレスのように直接チップをもらうしかない場合には、どうすればいいのか。

余計な世話を焼くことで、もらえるチップを増やすことができる。担当するテーブルの客に、何か余計なことをすると、より多くのチップを残すようプレッシャーをかけられる。サービスとして、食後にミントを伝票にのせておくだけでも効果がある（Lynn & McCall, 2009）。

お世辞

素直に認めよう。だれでもお世辞を言われるのは大好きだ。たしかに、ターゲットに対して、見境なしになんでもかんでもお世辞を言えばいいというものではない。しかし、ターゲットの性質のなかであなたがほんとうにすごいと思うものについては、尊敬と賞賛の気持ちを相手に隠すべきではない。

お世辞を言うことによってあなたに好感をもってもらえる可能性が高くなるだけでなく、シーソーをターゲットのほうに傾けることもできる。だれかにお世辞を言われると、何かいいことをお返しに言わなければという思いに駆られないだろうか。それは、ほとんど自動的な反応といえる。たとえば、だれかに服装を褒められたら、あなたは何か目をひくものはないかと相手の服や髪型、靴などへ視線を走らせて、お返しをしようとするはずだ。

研究によると、お世辞は相手からのお世辞だけでなく、それ以外のお返しも引き出すことができる。たとえば、いくつかの研究で示されたのは客を褒めることによって、チップがよりたくさんもらえたり、よりよい製品評価がもらえたり、より多くの販売手数料がもらえたりするということだ（Seiter & Dutson, 2007; DeBono & Krim, 1997; Dunyon et al., 2010）。

あなたがウェイターかウェイトレスなら、客のメニューの選び方にちょっとしたお世辞を言うだけで（たとえば、「わたしも昨日それを食べたんですけれども、とてもおいしかったですよ。いいものを選びましたね！」）効果がある。このセリフがそれほど強力なのには、とりわけ3つの理由がある。

①食事に対して高い期待をもたせることができる。期待が高まっているので、客は食事をより好意的にとらえるようになる（3章で説明した）。その結果、食事全体が楽しくなり、チップの額も大きくなるかもしれない。

②簡単なお世辞を言うことで、相互性のシーソーを客のほうに傾け、お返しをしなくてはならないという強いプレッシャーを与える。チップをたっぷり置いていくのが、いちばんのお返しだ。

③自分も同じものを食べたと告げることで、共通性が明かされる。次章で説明するように、「偶然の類似性」があるとわかると、あなたが好かれる可能性は高くなり、多くのチップをもらえるチャンスも増える。

本章では社会的プレッシャーの背後にある力を説明し、こちらの意図する方向へ向かう社会的規範を示すことで（また、相互性の規範を利用することで）ターゲットの行動を導くことができると述べた。次章では、そういった社会的プレッシャーを個人レベルではどんなふうに用いればよいかを説明する。よい関係を築いて好感をもってもらい、ターゲットにさらなるプレッシャーをかけられるようになる、そのための強力な原理を紹介したい。

7 似ているところをはっきりと示す

次のなかから、いちばん好きな文字を選んでほしい。

J　M　L　K

選んだだろうか。この4つを挙げたのは、名前の頭文字によく使われる字だからだ（たとえば、ジョー、メーガン、ローレン、ケビン）。あなたの名前の頭文字がここにあったら、それを選んだ可能性が高い。

本章では、なぜそうなるのか、なぜわれわれは自分と似ていると感じるものに無意識のうちに引きつけられるのか説明する。どんなに些細なものでも、なんらかの類似点を示すと、こちらの説得力をおおいに高められるのだ。

似ていることの力

この本を読んでくれているということは、あなたはおそらく心理学に興味があるのではないだろうか。偶然だ……じつはぼくも心理学が大好きだ。

リクエストに応じてもらえるかどうかを左右するいちばんの要因は、あなたとターゲットとのあいだにどれだけ「ラポール（親密さ、信頼関係）」を築けるかにある。相手があなたのことを好きになればなるほど、成功の可能性が高まる。あまり好きでなくなれば、それだけ成功の可能性は低くなる。この章のタイトルは「よいラポールを築く」としてもよかったぐらい、ラポール構築は非常に大きなテーマだ。本章では、いちばん効果的な戦術のひとつに焦点を絞って説明をしたい。ターゲットと自分とのあいだに見られる類似点を強調するという戦術だ（ラポール構築テクニックについて、もっと包括的な説明を読みたければ、デール・カーネギーの古典『人を動かす』を参照してほしい）。

「反対同士は引かれあう」という言い回しがあるが、これはほぼ完全に間違っている。多くの研究で示されているのは、われわれは、見た目や関心など、ほぼあらゆる面で自分に似ている人に心理的に引かれるということだ。「偶然の類似性」の原理によると、ふたりの人間が共有点を見つけたら、それがいかに些細で無意味なものであっても（お互い心理学が好きといったものでも）、ラポールが生じる。

似たものに引かれる心理的衝動はあまりにも強力で、それが人生を決めてしまうことすらある。どういうことか。ペルハムとミレンバーグ、ジョーンズは、興味深い研究のなかで奇妙な発見をしている（Pelham, Mirenberg, & Jones, 2002）。

- デニス（Dennis）という名の人は、歯医者（dentist）になる可能性が異様に高く、ジョージ（George）やジェフリー（Geoffrey）という名前の人は、地質学（geology）などの地球科学（geosciences）分野で仕事をする可能性が異様に高い。
- 屋根ふき職人（roofer）はRから始まる名前である可能性がほかより70％高く、金物店（hardware store）のオーナーはHから始まる名前である可能性がほかより80％高い。
- フィリップ（Philip）、ジャック（Jack）、ミルドレッド（Mildred）、バージニア（Virginia）という名前の人は、それぞれフィラデルフィア（Philadelphia）、ジャクソンビル（Jacksonville）、ミルウォーキー（Milwaukee）、バージニアビーチ（Virginia Beach）に住む可能性が高い。

言うまでもなく、類似性は、無意識のうちにわれわれの行動を導く強い力である。

本章で説明するように、この原理は単なる文字以外のものにも適用される。ほとんどどんな類似点でも、ターゲットとラポールを築き、こちらのリクエストに応じてもらうのに役に立つ。

なぜ似ていることはそれほど強力なのか

似ていることは、なぜそこまで強力なのか。ここでは、研究によって示されているふたつの説を紹介したい。

進化

第一の説は、進化だ（Lakin et al, 2003）。進化論の見地からすると、われわれの祖先は似たもの同士で引かれあっていた。脅威が少ないからだ。相手の見た目が自分と違えば違うほど、危険が大きくなるので注意が必要になる。注意を怠った人は殺される可能性が高く、そういう人はしだいに淘汰されていった。われわれの祖先は賢明にも類似性が大切であるとわかっていたので、生き残り、生存に適したこの性質を引き継いでいったのだ。だから、類似性に引かれる巨大な力は今日でもわれわれのなかに保たれている。

潜在的エゴティズム

進化もひとつの説ではあるが、いちばん多くの支持を集めている説が、「潜在的エゴティズム（自己中心主義）」だ。われわれはみな、自己中心性を隠しもっているという考えである（Pelham, Carvallo, & Jones, 2005）。

人間の本性は自己中心的なので、何であれ自分に似ていればそれに引き寄せられるという隠れた心理的衝動がある。デニスという名前の人が歯医者になる可能性が高いのは、自分の名前に含まれる文字に親近感を覚えるからで、その親近感が同じ文字を含む職業へ向かうように行動を導くわけだ（Nuttin, 1985）。

馬鹿げた話のように思われるかもしれないが、自分の名前に含まれる文字に強い親近感を覚えることは「名前＝文字効果」として知られ、その実験結果が豊富に蓄積されている。ある研究結果では、消費者は、自分の名前と同じ文字を含むブランドをほかよりもはるかに好むという（Brendl, et al., 2005）。この効果はきわめて強力で、商品の消費行動にも影響を及ぼす。たとえば、ある研究では、ジョナサン（Jonathan）という名前の人は、日本の飲み物だといって出された「ジョイトキ（Joitoki）」を、ほかの名前の人より多く消費した（Holland et al., 2009）。

名前＝文字効果だけではない。潜在的エゴティズムは、われわれが自分の顔を認識できなくなるという現象からも証明される。想像してもらいたい。だれかがあなたの写真を撮ってそれを加工し、いくつかのバージョンを作成したとする。本物より魅力的にしたものもあれば、本物より不細工にしたものもある。さて、この魅力的な写真と不細工な写真をずらっと並べられたら、どれがほんとうの自分の写真か認識することはできるだろうか。もちろんできるとあなたは思うだろう。しかし、意外とむずかしい。

このように加工した写真を並べて、自分のほんとうの顔を選ぶように言うと、たいていの人はありのままの写真ではなく、より魅力的に加工された写真を選んだ（Epley & Whitchurch, 2008）。われわれの潜在的エゴティズムはとても強力で、自分のほんとうの顔すらわからなくなるのだ。

説得の戦術

似ているところをはっきりと示す

なぜ似たものに引かれるのかについては理解してもらえたと思うので、次に、この知識を活かしてリクエストに応じてもらえる可能性を高める方法を説明する。

偶然の類似性

われわれは心理的に似たものに引きつけられるようになっているので、ターゲットとあなたの似ているところを強調すれば、そのプレッシャーを使ってターゲットをあなたの意図するゴールへ導くことができる。「偶然の類似性」は、相手の潜在的エゴティズムにアピールするとともに、よりよいラポールを築いて、リクエストに応じてもらえる可能性を高める。

ジェリー・バーガーらは、どんなものであれ似ている点を示すことで効果が得られることを検証するための実験をした（Burger et al., 2004）。参加者は占星術の実験だと告げられている。占星術にかかわる作業に取り組んでいるときに、参加者は、自分が別の参加者と同じ誕生日だと気づく（もうひとりの参加者は、実験者から指示を受けている協力者だ）。実験者が調べたかったのは、この偶然の類似性によって協力者からのリクエストに被験者が応じる可能性が高くなるか、ということだった。

実験が終わったと思った被験者は、協力者とともに部屋を出て廊下を歩いていく。歩きながら、協力者が被験者に大学の課題を手伝ってくれないかとお願いする。どのように手伝ってもらいたいのか。協力者が書いた8ページの小論文を読んで評価し、論拠を批評するレポートを1ページ分書いてほしいというのだ。魅力的なお願いとはとても言えない。しかし実験の結果、誕生日が同じだと気づいた人は、これほどしんどい要求でも協力する可能性がかなり高かった。

この驚くべき結果を受けて追加実験が行われた。どれほど希少な類似性かによって、結果が左右されるのかを調べたのだ。だれかと似ている点があるとわかったとして、もしその似ている点が珍しいものであれば、相手を助ける傾向はさらに強まるのだろうか。

この問いを検証するために、実験者は新しい参加者を募って同じ実験をした。しかし今度は、同じ誕生日だと気づくのではなく、指紋の形が似ているのを発見するという筋書きだ。ある被験者たちには、その指紋の形はよくあると告げ、ほかの被験者たちには珍しい指紋だと告げた。

予想どおり、課題を手伝ってくれる可能性は指紋が珍しいと伝えた被験者のほうが高くなった。

➤指紋が似ているのを発見しないままのときは、48％が手伝った。

➤指紋が似ているのを発見したが、それがよくある指紋だと言われた場合には、55％が手伝った。

➤指紋が似ていることを発見し、しかもその指紋が珍しいものである場合、手伝う確率は劇的に上昇して82％となった。

どのようなものでも似ている点があれば、ターゲットはリクエストに応じやすくなるが、その類似点が珍しいとプレッシャーはさらに強まる。似ている点には、とりたてて意味や重要性はなくていい。希有な指紋のように、ただ珍しければそれでいいのだ。

ではこの原理をどう応用すればいいのか。ターゲットに初めて会ったときには、少し時間をかけて相手のことを聞き出してみよう。普段の生活のこと、興味があること、なんだっていい。相手に関心があることを示すことにもなるし（これもラポールを築くひとつの手だ）、より重要なことに、ターゲットと自分の似ているところを指摘できるようにもなる。

似ているところを見つけたら、それを明かすのをためらってはいけない。似ているところを指摘することで、相手の潜在的エゴティズムにアピールできる。珍しい類似点であればなおさらだ。似ている点が無意味だったり重要でなかったりするように感じられても（たとえば、下の名前が同じだとか、共通の友人がいるとか、関心が似ているとか）、こういった偶然の類似性はあなたの説得力を劇的に高める。

「偶然の類似性」を社会的規範と組み合わせることもできる。ゴールドシュタインとチャルディーニ、グリスケビシウスは、興味深い研究のなかで、メッセージの違いによって、ホテルの宿泊客にタオルを再利用してもらえる割合がどれだけ変わるかを調べた（Goldstein, Cialdini, & Griskevicius, 2008）。どちらのメッセージがより効果を発揮したか、考えてみてほしい。

▼**環境保護にご協力を。**われわれは環境を尊重しなくてはなりません。宿泊中にタオルを再利用することで、自然を尊重し、環境保護に貢献できます。

▼**あなたも、環境保護に協力するお客さまの仲間になりませんか？**２００３年秋に実施した調査では、75％のお客さまが、われわれの省資源プログラムに協力して、タオルを再利用してくださいました。

ふたつ目のメッセージのほうが多くの人に従ってもらえることは、想像できたはずだ。望ましい方向へ向かう規範に目を向けさせているからだ。そして実際、そのとおりになった。ひとつ目のメッセージに従った人が37%だったのに対して、ふたつ目のメッセージには44%の人が従った。

しかし、ふたつ目のメッセージに、珍しい共通点を強調する調整を加えると、興味深いことが起きた。

▼あなたも、環境保護に協力するお客さまの仲間になりませんか？ 2003年秋に実施した調査では、この部屋に宿泊した75%のお客さまが、われわれの省資源プログラムに協力して、タオルを再利用してくださいました。

同じ部屋に泊まった客がタオルを再利用したと記すことで（単に同じホテルに泊まったというよりも類似性が強くなる）、従った人の割合がさらに49%まで上がったのだ。この些細な変更が、なぜこれほど大きな効果を生んだのか。次の節では、「内集団」へ帰属することで相手に従う率が高くなる理由を説明する。

内集団びいき

似ている点を説得に応用する第二の方法は、「内集団びいき」に見いだされる。「内集団」とは自分が帰属意識をもっている集団のことで、「内集団びいき」とは自分と似た性質を共有するグループを好む傾向のことだ。同じ学校へ通っている、同じスポーツ・チームに所属している、同じホテルの部屋に泊まっている。どのようなものでも、人間は一般的に内集団に属する人を好むことが（また、そういった人に説得されやすいことが）研究で示されている。実際、内集団に属する人の顔を見るだけで、眼窩前頭皮質という報酬と結びついた脳領域の神経作用が活発化することがわかっている（Van Bavel, Packer, & Cunningham, 2008）。

研究の結果、われわれは内集団のメンバーには説得されやすく、外集団（他者と認識している集団）のメンバーには反発しやすいことが判明している。興味深い実験を見てみよう。あなたは、見知らぬ人といっしょに味見の実験に参加している。ふたりとも、食べたいだけ食べていいと言われている。見知らぬ人が一定量を食べたあと部屋から出ていき、あなたは食べものの前にひとり残されて、さあ、どれだけ食べようかと考えている。実験の結果からわかったのは、あなたが食べる量は、いっしょに味見した相手の性質とその人が食べた量に大きく影響されるということだ（McFerran et al., 2010b）。

その実験で見知らぬ人の役を演じたのは、スリムな女性の実験協力者だった。あるときには普段のままのスリムな姿で登場し、またほかのときには、プロによってデザインされた肥満体に見えるスーツを着ていた。実験者が調べたかったのは、彼女の体型（スリムか肥満か）がどれだけ被験者が食べる量に影響を与えるかという点だったのだが、驚くべき結果が出た。

実験の結果、女性がスリムな姿のときには、被験者が食べた量と女性が食べた量は比例していた。しかし、女性が肥満体のときには、食べる量は反比例したのだ。女性がスリムで少ししか食べなかったときには、被験者も少ししか食べなかった。女性がたくさん食べたら被験者もたくさん食べた。一方、女性が肥満体に見えた場合には、食べる量は反対になった。女性がたくさん食べると被験者は少ししか食べなかった。女性が少ししか食べなかったら被験者はたくさん食べた。なぜこんな結果になったのか。肥満体の相手は自分とは異なる集団にいると被験者が見なしたからだ。つまり相手の集団と距離をとろうとした。女性が肥満体に見えたとき、女性が食べた量と反対の量を被験者が食べたのは、無意識のうちに彼女から距離をとろうとするプレッシャーが働いたからだ。

ここで疑問が生じる。もし被験者がダイエット中だったらどうだろうか。ダイエット中の人は、肥満の人と自分を重ね合わせるのではないか。いずれも体重を減らしたがっているからだ。仮にそうだとしたら、協力者の女性は内集団の一員と見なされて結果は逆になるのではないだろうか。二度目の実験でこれを検証したところ、結果は……まさにそのとおりになった。

同じような方法を用いた別の実験では、ダイエット中の人は肥満体の女性に自分を重ね、ダイエットをしていない人はスリムな女性に自分を重ねた（McFerran et al., 2010a）。いずれにしても、実験協力者の女性と自分とを重ね合わせたときに、ダイエット中の人もそうでない人ももっとも強く説得されたのだ（つまり同じくらいの分量を食べた）。

では、だれかを説得しようとするとき、どうやって自分とその人が同じ内集団に属していると示せばいいのだろうか。似ている点であればどんなものでも示すという第一のテクニック以外にも方法はある。ただ単に「われわれ」とか「わたしたち」といった言葉を使うだけでも、同じ内集団への帰属意識を高めることができるのだ。ある研究では、こういった代名詞が快感を呼び起こすと証明されている。同じ内集団に属することを感じさせるからだ（Perdue et al., 1990）。

ぼくは、この本を推敲しているときにあることに気がついた。心理学の原理を説明する際に、三人称を多く使っていたのだ（たとえば、「人々は潜在的エゴティズムを感じる」など）。これを見直して一人称に変更した（たとえば、「われわれが潜在的エゴティズムを感じる」など）。おかげで、あなたとぼくのあいだにラポールが築かれただろうか。読者の判断に委ねるしかないが、マイナスにはならなかったはずだ。

カメレオン効果

ちょっとしたことをやってもらいたい。まずこの段落をすべて読んで、それから取りかかってほしい。両腕を前に突き出して床と平行にし、手のひらと手のひらを向かい合わせにする。手と手のあいだは10㎝ほど開けておき、目を閉じる。目を閉じたら、こんな想像をしてほしい。ぼくがあなたの両手のひらに強力な磁石をつけた。その磁石があなたの手と手を引きつけようとしている。どんな作業か理解してもらえただろうか。よろしい。では本を置いて、30秒間でこの作業をやってもらいたい。終わったら戻ってきてほしい（ちなみに、作業を飛ばして説明を読んだあとに戻ってきて試しても、同じ効果は得られない）。

やってみてもらえただろうか。おかえりなさい。実際に手と手がひっつくのを感じてびっくりした人もいると思う。また、1分後に目を開いて、手の位置がまったく変わらずにこの「心理学」なるものに疑いの気持ちを募らせただけの人もいるだろう。あと、ほとんどの人は作業をしてみようなどという気はまったく起こさずに、そのまま読み進めたのではないか。本から指図など受けるものかというわけだ。それはそれでいい。

いずれにせよ、ぼくが催眠術をかけるときにはいつも、この作業を使って相手がどれだけ催眠術にかかりやすいかをテストすることにしている。絶対間違いのないテストではないが、催眠術にかかりやすい人は、かかりにくい人よりもたいてい手が大きく動く。想像力が手と手を引きつけるからだ。

この現象の背後に潜んでいる原理が、「観念運動反応」と呼ばれるもので、ある行動のことを考えるだけでその行動をとるようになる傾向のことだ。観念運動反応に影響を受けやすい人は、手と手が引きつけられるという動きを想像するだけで、実際に手が大きく動く。観念運動反応が当てはまるのは、単なる身体の動きだけではない。たとえば、暴力について考えると暴力的な行動を引き起こす（プライミングと同じだ）。暴力的なビデオゲームや映画が子どもの暴力行為を助長するのもそのためだ（Anderson & Bushman, 2001）。

では、この原理は類似性とどう関係しているのだろうか。だれかと話すとき、われわれは相手の非言語的な行動を見て、その行動をまねしようとする隠れた心理的衝動を覚える。相手が腕を組んで話していれば、あなたもやがて腕を組むようになる。もし相手が熱を込めて話していたら、あなたも同じように明るい調子で話すようになる。

意識の外で起こるものではあるが、この「カメレオン効果」はラポール構築の鍵になる（Lakin et al., 2003）。われわれは、好きな相手のまねをしようとするだけでなく、自分の非言語的行動をまねする人のことを好きにもなるのだ。実際に研究では、非言語的な行動をまねした場合には次のような結果が出た。

- ウェイトレスがより多くのチップをもらえた（Van Baaren et al., 2003）。
- 販売員が売り上げを伸ばして、客からの評価も高くなった（Jacob et al., 2011）。
- ほかの学生のために小論文を書くのに同意する学生が増えた（Guéguen, Martin, & Meineri, 2011）。
- 合コンで、男性が女性により好感をもった（Guéguen, 2009）。

このように、「偶然の類似性」だけでなく、非言語的な行動の類似性もまた、リクエストに応じてもらえる可能性を高める。

非言語的行動が似ていると、それだけ強力な効果が見られる理由は、進化と潜在的エゴティズム（本章のはじめのほうで説明したふたつの理由）だけでなく、われわれの脳が対称性を求めることにも見出される。ほかの人がわれわれの非言語的行動をまねすると、この対称性によって内側眼窩前頭皮質と腹内側前頭前野が活性化される。いずれも報酬プロセスと結びついた脳領域だ(Kühn et al., 2010)。「まね」にそれだけの力があるのは、ある意味ではその対称性が生物学的に気持ちいいからだ。

この原理を活用できる戦術がふたつある。ひとつ目は明らかだろう。リクエストに応えてもらうには、ターゲットの非言語的行動をまねて、より良好なラポールを築くのがいい。セラピストが相手への共感を示すときによく使われるテクニックで(Catherall, 2004)、この戦術はあらゆる場面で用いられ、大きな成果を挙げている(先に挙げた実験のリストはその一例だ)。

非言語的行動をまねすることによって得られる効果は強力なので、リクエストをするときにはできるだけ実際に顔を合わせてするべきだ。テクノロジーとEメールを中心に回っている社会では、やや的外れなアドバイスのように感じられるかもしれないが、実際に会ってリクエストをしたほうが、応じてもらえる可能性は高まる(Drolet & Morris, 2000)。距離的に遠いなど、状況が許さずに面と向かってのやり取りができないのならば、ビデオ会議を使うといい。あるいは最低でも電話にするべきだ。非言語的な要素が増えれば増えるほど、相手のまねをしてラポールを築き、リクエストに応じてもらえる可能性を高められる。

まねを利用するふたつ目の戦術を理解するために、少し前の議論を思い出してもらいたい。人間は行動と態度を一致させる傾向にあるという話だ。われわれは、ボディランゲージや行動をふまえて、自分の態度を決めている。驚くべきことに、研究によると、われわれは自分と似ていると感じるほかの人の行動を観察して、それをもとに自分の態度を決めることもある。ノア・ゴールドシュタインとロバート・チャルディーニが、ＥＥＧ（脳波を記録する装置）を使ってある実験をした。被験者に、ビデオインタビューに登場するある学生と脳波のパターンが似ていると思い込ませたのだ。そのインタビューは、学生が献身的にホームレスに手を差し伸べるようすを語ったものだった。インタビューを見せたあと、被験者にアンケートに答えてもらうと、脳波のパターンが似ていると言われた人は、自分自身をより自己犠牲的で思いやりがあると見なしていた。また、追加実験のために実験者に協力する人もかなり多かった。追加実験に協力的な態度を見せたのは、自分と似ていると思い込んだ学生の自己犠牲的な行動に触れて、それと一致した態度をとるようになったからだ（Goldstein & Cialdini, 2007）。

ターゲットがあなたを自分と似ていると感じたら、あなたの行動と一致した態度をとってもらえるようになる。したがって、ターゲットがあなたを自分と似ていると感じているときには、あなたはそのターゲットから引き出したいと思っている態度に合致した行動を示すといい。たとえば、仲のいい友だちの成績が下がり始めたら、同じクラスでなくても、たまにいっしょに勉強をする機会を設けるべきだ。あなたが勉強している姿を見るだけで、友だちはもっと一生懸命勉強しようという気になるかもしれない。その結果、成績を上げる手助けができる可能性がある。単に授業で学んだことについて興味があるという話をするだけでも、友だちはそれに一致した態度をとって、自分の授業内容に関心をもつようになるかもしれない。

マインド・リーダーの視点

観念運動反応を使っていかに人を驚かせるか

人をびっくりさせたい？　観念運動反応のような心理学の原理は、たいてい単純に見える。しかし、ショーマンの腕前をもってすれば、この単純なテクニックを驚くべき奇跡のように見せかけることができる。ここでは、観客を心から驚かせるショーについて説明したい。

まず、何でもいいので、振り子状のものを用意する（糸の先に何かがついていて、前後へ揺れるものであれば何でもいい）。糸の端をしっかりもち、空中で自由に揺れるように、20㎝ほど糸を垂らしておく。すると、ある方向を頭に思い浮かべるだけで、振り子はその方向へ動く。左右に揺れると考えると、実際に左右に揺れ始める。前後に揺れると想像すると、前後に揺れだす。観念運動反応によって手が微妙に動いて振り子を動かしているのだが、興味深いことに自分では手が動いているとはまったく感じない。心で振り子を操っているかのように感じられる。けっこう不気味だ。

これを奇跡のように見せるのが、ショーマンの腕の見せ所だ。振り子を友だちのもとへもっていき、この振り子にはある種の「力」があると告げる。それを証明するために、何かを思い浮かべるよう友だちに言う。ここでは、トランプのカードを思い浮かべてもらい、友だちはクラブのジャックを思い浮かべているとしよう。そして、振り子の糸の端をもつよう指示をして、ぶら下がったものが前後に揺れると「イエス」、左右に揺れると「ノー」であると説明する。

この基本的な説明を終えたら、友だちが選んだトランプについてイエスかノーで答えられる質問をして、選択肢を絞っていく。友だちには、答えのことだけ考えるように言っておく。友だちが答えを思い浮かべると、振り子が答えに合った方向に動き始める。観念運動反応のせいなのだが、相手はそれに気づかない。振り子が勝手に動いているように感じる。

たとえば、最初の質問は「そのカードは赤ですか?」そう尋ねると、カードはクラブのジャックなので、友だちは「ノー」という答えを思い浮かべる。自分の答えに集中するように言うと、はじめは振り子の動きは定まらないが、だんだん左右に揺れ続けるようになり、答えがノーであることが示される。

さらに質問をして、選択肢を絞っていく。たとえば、「そのカードはクラブですか?」、「そのカードは絵札ですか?」といった具合だ。5つか6つ質問をしたら、友だちの選んだカードがわかる。友だちのほうはどのカードを思い浮かべていたのか、まったく口に出していない。また、観念運動反応のせいで振り子が特定の方向に動いていたことにも気づかない。その結果、単純な原理であるにもかかわらず、人の目には、このショーは奇跡的現象のように映るのだ。

現実世界への応用③

売上を伸ばす

ここでは、ワンシンクらの研究（Wansink, Kent, & Hoch, 1998）をもとに、現実への応用法を考えてみたい。

あなたはスーパーマーケットの店長で、「アンカリング」、「制限」（13章で取り上げる）、「社会的プレッシャー」を使って、ある商品の売り上げを伸ばそうと思い立った。キャンベル・スープの缶詰が置いてある棚の近くに、あなたはこんな貼り紙をした。「おひとりさま12個まで」

何の変哲もない貼り紙だが、このメッセージには強力なパンチが含まれている。理由はいくつかある。第一に、12という数字がアンカーとなり、客がその数字へと近づいていこうとする。ひとつかふたつだけではなく、このアンカーに影響を受けて、よりたくさん買うようになる。第二に、13章で説明するように、この缶詰を購入する力を制限することで、「心理的リアクタンス」を呼び起こし、買いたい気持ちをさらに強くさせることができる。第三に、掲示によってこの缶詰スープが人気商品だと示唆して社会的プレッシャーを与えることができる（人気商品でなければ、購入できる数を店が制限したりはしないはずだ）。

実験では、3種類の貼り紙を用意し、それぞれを掲示したときに缶詰がひとりあたりどれだけ売れるかを調べた。

▼「制限なし」の場合、平均で3・3個が売れた。
▼「おひとりさま4個まで」の場合、平均で3・5個が売れた。
▼「おひとりさま12個まで」の場合、平均で7・0個が売れた。

驚くべきことに、12個までという貼り紙によって、ほかの貼り紙のときのほぼ2倍に売り上げが跳ね上がったのだ。

さらに効果を高めようと思ったら、文言を変えて「お客さまひとりあたり12個まで」あるいは「〇〇スーパーのお客さまおひとりあたり12個まで」とすればいい。このようにほんの少し文言を変えるだけで、同じ内集団に属する人（このスーパーの客）がこの缶詰をたくさん買っていると強調され、「内集団びいき」を活用できる。同じ部屋に泊まった人がタオルを再利用したと強調することで、同じタオルをまた利用してもらおうとするホテルと同じだ。範囲を「お客さま」あるいは「〇〇スーパーのお客さま」と絞り込むと、この缶詰（あるいはほかのどんな商品でもいい）を買うように、より強いプレッシャーを与えられる。

ステップ 4

メッセージを定着させる

Habituate Your Message

リクエスト前	ステップ1	M	認識を形づくる
	ステップ2	E	行動と一致した態度を引き出す
	ステップ3	T	社会的プレッシャーを与える
	ステップ4	**H**	**メッセージを定着させる**
リクエスト中	ステップ5	O	メッセージをもっとも効果的に提示する
	ステップ6	D	モチベーションをさらに高める
リクエスト後	ステップ7	S	影響を持続させる

ステップ4のあらまし

「メッセージを定着させる」とは？

あと少しだ。実際にリクエストをする前にやっておくべきステップは、残りひとつ。これまでのところで、ターゲットのものの見方を形づくって、行動と一致した態度を引き出し、社会的プレッシャーを与えた。次のステップでは、こちらのメッセージを相手に定着させる。

ターゲットが（繰り返しその話題に触れることで）あなたのリクエストについてよりよく知ると、そのリクエストに応じやすくなる。その理由を8章で説明する。9章では、習慣化を用いることによって、相手が快く思わないメッセージやリクエストに気づきにくくする戦術を紹介する。このステップを終えたら、いよいよ次は実際にメッセージを伝えるステップだ。

8 繰り返し触れさせる

自分自身のそのままの写真と、鏡に映った自分の写真、あなたはどちらが好きだろうか。ここから数段落のあいだに考えておいてもらいたい。

大学時代、ぼくが初めてビールを飲んだとき、こんなにまずいものがあるのかと思った。大嫌いだった。こんなものをおいしいと思うなんておかしいんじゃないかないかと、友だちと口論にさえなった。そのうちぼくも好きになるとみんな言っていたが、やっぱりみんながおかしいと思っていた。

3度目か4度目のビールを飲んだとき、友だちが正しかったとわかった。はじめのうちは大嫌いだったビールが、飲む回数を重ねるごとに徐々に好きになっていって、いまや大好物だ。どうしてそんなことになったのか。あれほど大嫌いで不快だったものが、とても感じのいいものになったのは、どうしてだろう。

あなたも同じような経験をしたことがあるのではないだろうか。初めて聞いたとき嫌悪感を覚えたのに、何度か耳にするうちに好きになっていった歌はないだろうか。初対面の人に会うときはどうだろう。はじめは嫌いでも、何度か会うと好感を覚えることはなかっただろうか。それはよくあることで、心理学の原理で説明できる。

「単純接触効果」あるいは「親しみの原理」と呼ばれるものがある。ある刺激に繰り返し接すると、それに対して肯定的な感情をもつようになるという原理だ。ある刺激（たとえばビールや歌や人）に接触すればするほど、その刺激が魅力的で好ましく感じられるのである。現在のわれわれの感覚（たとえば、「慣れすぎは侮りのもと」とよく言われる）に反するように思われるかもしれないが、刺激に繰り返し触れることで好意的にその刺激をとらえるようになることが、多くの実験で証明されている。本章では、なぜそうなるのか詳しく見てみたい。

繰り返しの力

さて、はじめの質問に戻ろう。自分自身のそのままの写真と、鏡に映った自分の写真、あなたはどちらのほうが好きだろうか。実験の結果、両方の写真を示すと被験者本人は鏡に映った自分の写真を好み、被験者の友だちはそのままの写真を好むことがわかった。両方とも実質的には同じ写真であるにもかかわらずだ（Mita, Dermer, & Knight, 1977）。

「単純接触効果」について理解すると、なぜこのような結果になるのかがわかる。考えてみてほしい。毎朝、目を覚まして洗面所に行くと何が見えるだろうか。鏡に映った自分の顔が見えるはずだ。毎朝、起きて出かけると、あなたの友だちは何を見るだろうか。彼らの視点からあなたの顔を見るはずだ。したがって、2枚の写真が示されると、それぞれがなじみのあるほうを好む。自分自身は鏡に映った写真を好み、友だちは実際の写真を好む。よりなじみのある視点から撮られているからだ。

　繰り返し刺激に接していることに意識上では気づいていなくても、やはり肯定的な感情をもつ可能性は高い。ある実験では、幾何学図形を一瞬だけ、しかし繰り返し被験者に見せた。図形が表示されるのはほんのわずかの時間（0・004秒）だったので、被験者は意識上でそれを処理することはできない。そのあとで被験者はふたつの図形を見せられる。ひとつは実験中に表示されていたもの、もうひとつはまったく別のものだ。どちらの図形のほうが好きかと尋ねられると、意識上ではまったくもとの図形を認識していないにもかかわらず、被験者は一貫して無意識のうちに見ていた図形のほうを選んだ（Bornstein, Leone, & Galley, 1987）。

　実際、単純接触効果は、接触が無意識のうちに行われたときにより強い効果を発揮する（Zajonc, 2001）。われわれが気づいてすらいないのに、強い効果をもつのはなぜなのか。その答えは、「感情先行仮説」にある。感情的反応が認知的反応よりも先に起こることがあるという仮説だ。無意識のうちに単純接触が起きると効果が強くなるのは、認知的反応を引き起こさずに感情的反応を生みだすからだ。刺激を意識の上で評価すると、ほかの意味や連想が必ず加わるので評価が変わる（場合によっては評価が下がる）。感情的反応だけのときのほうが単純接触の効果を高めるのだ。無意識のうちに接触が行われると、マイナスの連想が生じるのを防ぎ、意識的な接触よりも強力な効果を得られることが多い。

ロバート・ザイアンスが1960年代に単純接触効果を提唱して以来（Zajonc, 1968）、その現象を検証するために数多くの実験が行われてきた。その結果、単純接触効果はさまざまな場面で、あらゆる刺激に当てはまることがわかった。幾何学図形の実験を行った研究者たちは、図形ではなく人間の写真を使って追加実験を行った。結果は同じだった。被験者は、無意識のうちに接した人の写真を、初めて見る人の写真よりも好んだのだ（Bornstein, Leone, & Galley, 1987）。次節ではなぜこのような効果が生じるのかを説明し、本章の残りの部分では、この原理を使った具体的な説得テクニックを紹介したい。

なぜ繰り返しはそれほど強力なのか

前章で、「類似性」が強い力をもつのは進化のせいだと説明した。自分と似た人に自然と引きつけられるのは、そういう人だと自分にとっての脅威が少ないからだ。「単純接触効果」にも同じことがいえる。繰り返し接触することで刺激に肯定的な態度をとるようになるのは、その刺激になじんで脅威を感じなくなるからだ。

進化のほかにも、単純接触効果が強力な理由はいくつかある。「古典的条件づけ」と「処理流暢性」が代表的な理由だ（Zajonc, 2001）。「古典的条件づけ」については最後の章で説明するので、ここでは「処理流暢性」に焦点を絞ることにしよう。これは、きわめて興味深い心理学原理だ。

処理流暢性

奇妙なお願いのように思われるかもしれない。しかし、少し時間を割いて、過去に自分が強く自己主張した場面を12、思い出してリスト化してもらいたい。この作業をしてもらえば、処理流暢性のことをよりよく理解してもらえるからだ。それではどうぞ。

リストができただろうか。たいていの人と同じように、おそらくあなたもはじめのいくつかは簡単に思いついたはずだ。しかし例をひとつ書いていくごとに、だんだん別の例を思い浮かべるのがむずかしくなっていったのではないだろうか。驚くべきことに、記憶をたどるこのむずかしさが、あなたが自分の自己主張の強さを評価する際に影響を及ぼすのだ。ある実験では、被験者にこれと同じ作業をさせたが、片方のグループには例を12挙げるように言い、もう片方のグループには例を6つだけ挙げさせた。そのあとで、自分の自己主張の強さを評価するように言った。どのような結果になっただろうか。例を12挙げた人たちのほうが、より自己主張的だと自分のことを評価したと思うかもしれない。しかし結果は逆だった。例を6つしか挙げなかった人のほうが、より自己主張的だと自分のことを評価していたのだ（Schwarz et al., 1991）。

このような奇妙な結果が出た理由は、「処理流暢性」にある。情報を処理するにあたってのスムーズさとスピードのことだ（Reber, Schwarz, & Winkielman, 2004）。指示どおりに例を12挙げようと思ったら、先に進めば進むほど、新しい例を思い浮かべるのがむずかしくなる。この「むずかしい」という感覚が答えである。新しい例を思い浮かべるのがむずかしいので、知らず知らずのうちに自分は自己主張的ではないという態度をとるようになるのだ。無意識のうちにこう考えているわけだ。「もし自分が自己主張的な人間だったら、例を挙げるのに苦労することはないはずだ。でも、なかなか思い浮かばない。ということは、自分は自己主張的な人間ではないんだ」。一方、例を6つしか挙げなかった人は、例を思い浮かべるのにさほど苦労はしなかった。「自分が自己主張的な人間だったら、例を挙げるのに苦労しないはずだ。自分はいま難なく例を挙げている。ということは、自分は自己主張的な人間なんだ」

情報を処理する際のスムーズさとスピードが、その情報に対するわれわれの認識に影響を与える。どれだけ好きかという認識もそこには含まれる。一般的に、速く処理できたほうがその情報のことを好ましく思う。なぜか。すばやく情報を処理できると、そのスムーズさから快感が生じる。そしてその肯定的な感情の出所を間違って別の場所に見出してしまうのだ。肯定的な気持ちになると、実際には処理のスムーズさに快感を覚えているだけなのに、情報そのものに好意をもっていると思い込んでしまうわけだ。

これは、「繰り返し」とどう関係しているのだろうか。「繰り返し」が効果的なのは、処理流暢性を高めるからだ。刺激に繰り返し触れると、そのたびにより速くその刺激を処理できるようになる。

雪で覆われた丘をそりで滑り降りるようなものだ。はじめに滑り降りるときには、それほど速くは進まない。雪が固まっていないからだ。しかし何度も滑り降りるうちに雪が固まってきて、下へ向かう滑らかな道が整っていく。雪が固まって滑らかな道ができると、速く丘を滑り降りることができる（そして速く滑ることができれば、そり滑りは一層楽しくなる）。

こんな経験はなかっただろうか、思い出してみてもらいたい。レポートを書きはじめて、すぐに自分が書いたものがいやでしかたなくなる。しかし数時間取り組んでいると、ようやく書いたものに満足がいき、その日はそこまでにして休息をとる。翌日、また作業に取り掛かると、書いたものがまたいやでしかたない。なぜ、こんなことが起きるのだろうか。

答えは「処理流暢性」にある。作業を始めてすぐに書いたものが気に入らないのは、処理流暢性が低いからだ。まだなじみがないのだ。しかし作業を進めるにつれてなじんでいき、スムーズに処理できるようになる。そしてこの処理のスムーズさを書いたものの好ましさと勘違いしたのだ。しばらく作業から離れると、処理流暢性は下がる。翌日、ふたたび作業に戻ったときには、またなじみがなくなっていてスムーズに処理ができない。そしてこの処理のむずかしさを、内容のまずさと勘違いしたわけだ。

ここまでで、処理流暢性とは何か、なぜ繰り返しが強力なのかを理解してもらえたと思う。次節ではこの考えを使って、説得力を高める方法を説明する。

説得の戦術

繰り返し触れさせる

繰り返しをどう利用すればいいのか。ここでいくつか提案をしたい。

文脈をプライミングする

「ボート」という単語をどれだけ好ましく感じるだろうか。おかしな質問だと思われるかもしれないが、ある実験でこの質問をすると、興味深い結果が見られた。次のふたつの文を見比べてもらいたい。ふたつのグループに分けた被験者に提示したものだ。

- 彼がお金を貯めて買ったボート
- 荒れる海が揺らしたボート

このふたつの文を提示し、最後の単語（「ボート」）にだけ意識を集中させて、その好ましさをスケールで評価してもらった。同じ単語を評価してもらっているにもかかわらず、ふたつ目の文を提示された人のほうが「ボート」をかなり好ましく感じていた（Whittlesea, 1993）。

このような結果になったのは、「概念的流暢性」のせいだ。処理流暢性の一種で、情報がどれだけスムーズに頭に入ってくるかということだ（Alter & Oppenheimer, 2009）。一般的に、概念が速く頭に入ってくるほど、それを好ましく感じる傾向にある。ふたつ目の文は、文脈をプライミングする単語が含まれているので、予測可能性が高まって「ボート」という単語がよりスムーズに頭に入ってくる。この処理のスムーズさが心地よさにつながり、「ボート」という語の好ましさと取り違えられたのだ。

一流のマーケティング専門家たちは、毎年、何百万ドルもの大金を投じて概念的流暢性を活用しようとしている。われわれがふたつのブランドのどちらかを選んで買いものをするときには、そのブランドがどれだけスムーズに頭に入ってくるかが決め手になる。ふたつのブランドへの評価が変わらなければ、よりスムーズに頭に入ってくるブランドのほうを買う傾向にある。概念的流暢性が高いと心地よく感じられ、その心地よさをブランドの心地よさと勘違いするからだ（Nedungadi, 1990）。

マーケティング専門家は、適切な文脈のなかに広告を置くことによって、概念的流暢性を活用して宣伝効果を高められる。たとえば、ある研究では、マヨネーズの広告のあとにケチャップの広告を見せると、消費者はより好意的な印象をもった（Lee & Labroo, 2004）。マヨネーズの広告が調味料のスキーマをプライミングしていたので、ケチャップの広告がそのあとで示されると、ケチャップのイメージがよりスムーズに頭に入ってきたからだ。概念的流暢性が高まった結果、消費者はケチャップの広告に好意的な態度をとるようになったのだ。

このテクニックは日常生活でどう活かせるのだろうか。相手を説得する可能性を高めるには、リクエストをする直前にさりげなくそれに関係する話題に触れておくといい。マヨネーズの広告と同じように、世間話がターゲットの概念的流暢性を高め、その結果、あなたのリクエストがよりスムーズにターゲットの頭に入るようになって好意的に受けとめられる。そして、処理のスムーズさを、あなたのリクエストに応じたいという気持ちと勘違いするのだ。

あなたの好きなバンドが町にやってくることになった。友人を説得して、来月いっしょにコンサートに行きたい。ただ、友人はそのバンドをあまり好きではないので、ノーと言われることが予想される。この状況では、あわててすぐにリクエストをしてはいけない。数日のあいだ、コンサート一般についての話題を定期的にもちだす。繰り返しこの一般的な話題に触れることによって、ターゲットはコンサート一般により肯定的な態度をとるようになる。したがって、あなたが具体的なリクエストをしたときにも抵抗する可能性が低くなる。また、概念的流暢性のおかげで、実際にリクエストをされると、あなたといっしょにコンサートに行くというイメージがスムーズに頭に入ってくるので、この概念的流暢性の高さをコンサートに行きたい気持ちと取り違えるのだ。

何でもとにかく繰り返す

繰り返し何かに触れると、認識と行動に影響するだけでなく、われわれの機嫌もよくなる。モナハンらの研究では、被験者グループは無意識のうちに25の漢字を見せられた（Monahan, Murphy, & Zajonc, 2000）。漢字1文字につき一度だけだ。しかし、ほかの被験者グループには漢字を5つだけ見せ、それを5回繰り返した。驚くべきことに、25の異なる漢字に触れた人よりも同じ漢字に繰り返し触れた人のほうが、そのあとに機嫌がよくなっていた。

その後、それぞれのグループに、いくつかの別々の刺激を評価するよう求めた。実験に出てきたのと同じ漢字や、似た形の漢字、関係のない多角形などだ。25の漢字を一度だけ見せられたグループや何も見せられていない対照群と比べると、同じ漢字を繰り返し見せられたグループは、どの刺激もみな好意的に評価した。機嫌がよくなっていたからだ。結論はこうだ。出来事や接触を繰り返し経験するだけで気分がよくなり、ほかの刺激もより好意的に受けとめるようになる。

もうお気づきになっただろうか。本書の章のタイトルはすべて同じようなスタイルになっている。新しい章を読み始めるたびに、あなたは同じスタイルに繰り返し接することになり、タイトルをスムーズに処理できるようになる。すると機嫌もよくなって、章の中身にも好印象を抱くようになる。

距離を近づける

あなたは大学の大講義室で何百人もの学生といっしょに授業を受けている。学期の終わりには、みんなの顔を覚えているだろうか？　おそらく覚えていないだろう。しかし、特定の人のことを覚えていなくても、ただだれかがずっと近くにいたというだけで、その人を好意的に認識することが研究でわかっている。

ふたりの研究者が、これを検証するために巧みな実験を行った（Moreland & Beach, 1992）。4人の女子学生を実験協力者として、あらかじめ決めておいた回数（0回、5回、10回、15回）、心理学の授業に出席してもらった。だれとも交流しないように指示しており、また授業は大講義室で行われたため、ほどんどの学生は4人の存在に気づいていなかった。

学期の終わりに、学生たちに実験協力者の4人の写真を見せてそれぞれ評価してもらった。仮に覚えていたとしても漠然とした記憶しかなかったはずだが、それでも学生たちは、授業にたくさん参加していた協力者ほど自分に似ていて魅力的だと感じた。単純にだれかの近くに頻繁にいるだけでその人に魅力的だと思ってもらえる可能性が高まるのだ。

こんなふうに思うかもしれない。「たしかに、前に見たことがあれば、その写真の人を好ましく思うかもしれない。その人を繰り返し目にしていたら魅力的だと感じることもあるのかもしれない。でも、実際の行動に影響を与えるほどの力はあるのだろうか」

いい質問だ。繰り返し接触すると、たとえそれが無意識の接触でも、われわれの行動にも大きな影響を及ぼす。幾何学図形の実験を覚えているだろうか。同じ実験者たちが追加実験を行っている。参加者たちに匿名の詩を読んでもらい、ほかのふたりの参加者と協力して、匿名の詩人の性別を答えてもらう。3人が合意したうえで答えを出さなければならないのだが、実はほんとうの被験者はひとりだけで、あとのふたりは実験者に雇われた協力者だ。ふたりは別々の意見を主張するよう指示を受けており、被験者はどちらの味方につくか選ぶことを迫られる。

話し合い前に、被験者は3枚の写真のうちのどれか1枚を一瞬だけ、しかし繰り返し見せられていた。何も写っていない写真、協力者Aの写真、協力者Bの写真だ（前の実験のときと同様に一瞬しか見せられないので、被験者は意識上では気づいていない）。無意識の接触が、このふたりの協力者との関わり方にどんな影響を与えるかが調べられた。結果は驚くべきものだった。

何も写っていない写真を見せられた被験者は、およそ50%が協力者Aに同調し、50%が協力者Bに同調した。予想どおり半々という結果だ。協力者Bの写真を繰り返し見せられていた被験者は、65%が協力者Bに同調し、35%が協力者Aに同調した。そして協力者Aの写真を繰り返し見せられていた被験者は、71%が協力者Aに同調し、協力者Bに同調したのは29%に過ぎなかった(Bornstein, Leone, & Galley, 1987)。繰り返し接触することによって、刺激にたいする認識（たとえば、ある人に感じる魅力のレベル）だけでなく、実際の行動にも影響が及ぶ。説得をする際にはとても便利な事実だ。

9 否定的なメッセージを感じさせない

はじめにこの本の原稿を書いたとき、本章で取り上げる考えをわかりやすく示すためにあることを試みた。8章で、フォントの使い方に工夫をこらしてみたのだ。節を追うごとに少しずつフォントを変え、章の終わりにはスタイルも大きさも完全に違うものになるようにした。もとの草稿では、10ポイントのジョージアというフォントから始めて、11ポイントのパラティーノ・ライノタイプで終わるようにしていた（具体的には、10ポイントのジョージアから10・5ポイントのカンブリア、10・5ポイントのパラティーノ・ライノタイプ、11ポイントのパラティーノ・ライノタイプと変えていった）。

実際には、書式設定や編集、出版プロセスでの煩雑さから断念せざるを得なかったが、これは本章のテーマとどう関係しているのだろうか。

あなたのリクエストを相手が好意的に受けとめないことがわかっている場合、小さなリクエストから始めて少しずつ大きくしていくことで、最終的には相手に気づかせることなく、こちらの当初のリクエストに応じてもらえることがある。フォントの変化はとても小さいので、ほとんどの読者はまったく気づかない。しかし章のはじめと終わりを見比べるとその違いに驚くことになる。本章では、どのようなときに変化に気づかなくなるのか、またそれはなぜなのか解説する。そして、あなたのメッセージの否定的な側面に気づかせないようにしながら、メッセージを伝える方法を説明したい。

この章から、倫理的な境界線を越え始める。実際にここで示すテクニックを使う際には適切な判断をもってすることを強くお願いしたい。相手の利益にならないような使い方をするのは、絶対にやめてほしい。この章を本書に入れるべきかどうか、かなり悩んだ。しかし、否定的な面をカモフラージュするのが相手の利益になる場合もたくさんあると思い、ここに書くことにした（たとえば、子どもにいやな思いをさせることなく野菜を食べさせたり、宿題をやらせたりする場合だ）。

なぜ気づかれない変化があるのか

なぜ、読者はフォントの変化に気づかないのか。われわれは生まれつき、「変化を見落とす」傾向がある。とりわけ変化が小さかったり予想されないものだったりする場合には、そのことに気づかないという憂慮すべき傾向だ。ここでは変化の見落としの三つの側面を説明する。

段階的な変化

まず、段階的に少しずつに変化が起きると、それを感じるのは非常にむずかしくなる。「丁度可《ちょうどか》知差異《ちさい》」あるいは「弁別閾《べんべつい き》」と呼ばれる概念がある。刺激が変化したことに気づくために必要となる、最低限の刺激量の変化のことだ（Ono, 1967）。

特定の刺激が変化したと気づくには、どれだけの変化が必要なのだろうか。その正確なレベルを知るために、さまざまな実験が行われた。相手に気づかれる最低レベルの変化がどの程度かわかったら、その「丁度可知差異」を下回るように刺激を変化させることで、相手に気づかれることなく変化を生じさせることができる。

わかりにくいかもしれないので、例を挙げて説明しよう。商品の値段を上げる必要があるとする。ただ、値上げに消費者の注目が集まるのは望ましくない。そういうときには、まずいくら値上げしたら消費者は気づき始めるのか実験をして、その額を見きわめる。そして、その「丁度可知差異」を下回る値上げをする。そうすれば、値上げに気づく人を最低数に抑えることができる。たとえこのような価格を見きわめる実験をできなくても、直感的に弁別閾を用いることはできる。大きくて好ましくない変化を起こすのではなく小さな変化を少しずつ積み重ねていくことで、あなたのメッセージに相手を「慣らして」いくといい。

もし前の章で、フォントをいきなり10ポイントのジョージアから11ポイントのパラティーノ・ライノタイプに変えていたとしたら、ほぼ全員が気づいただろう。唐突でしかも大きな変化だからだ。しかしこの変化が少しずつ起きたとしたら、より気づかれにくかったはずだ。弁別閾を下回る変化であった可能性が高いからだ。

対照比較

変化の見落としの別の一面は、対照比較の能力とかかわっている。もともとの刺激と新しい刺激とを突き合わせて比較する能力だ。対照比較を行うと、どんな変化にもすぐに気がつく。

前の章でフォントを変えていたとしよう。その気になれば読者は、それぞれの節を対照比較できたはずだ。したがって、変化はとりわけ小さく段階的にする必要があった。読み終えた先から前の節が魔法のほうに消えればフォントの変化はわかりにくくなる。新しいフォントと比較するときに参照するものがなくなるからだ。

サイモンズとレビンは、対照比較ができないときに人間が変化にどれだけ鈍感になるかを示している（Simons & Levin, 1998）。実験者が通りすがりの人に道を尋ねる。会話の最中に協力者がふたり、巨大な絵画をもって実験者と通りすがりの人とのあいだを通り過ぎる。その隙に絵の背後で、相手に気づかれないように実験者と協力者が入れ替わる。この実験の目的は、話し相手が替わっているにもかかわらず、そのまま会話を続ける人がどれくらいいるかを調べることだった。

何%ぐらいの人がまったく気づかずに会話を続けただろうか。予想してみてほしい。5%？ 10%？ 15%？ いやいや、そんなものではない。なんと50%もの人が、まったく気づかずに完全に別の人間と話し続けたのだ。新しい刺激ともとの刺激を比較できないと、変化を察知するわれわれの能力は劇的に低くなる。

しかし次に説明するように、大きな変化に気づかせないようにする原理はもうひとつある。

期待

完全に別の人間と話しているのに気づかなかったのは、そんな変化が起きることをまったく「期待」していなかったからでもある。

3章での実験を覚えているだろうか。「われわれの脳は謎にに包まれている」の余計な「に」に気づかない実験だ。読者のみなさんが期待していたのは、この余計な「に」がついていない文だ。この期待が認識を形づくっていて違いに気づかなかったのだ。同様に、通りすがりの人は普通の会話をすることを期待し、この期待が認識を形づくっていたので、あからさまな変化があってもそれに気づかなかった。

変化の見落としの3つの側面を組み合わせた例を見てみよう。本節で論じた3つの理由（段階的な変化、対照比較、期待）が、ポテトチップスの袋の謎を解き明かす。昔、ポテトチップスの袋はいまよりもっと大きくなかったか。そう実際、大きかったのだ。なぜわれわれは、袋が小さくなったことに気づかなかったのか。

▼第一に、製造業者が段階的に袋のサイズを小さくしていったから。あまりにも小さな変化だったので、ほとんどの人は気づかなかった。

▼第二に、ポテトチップスの袋を集めている人でもいなければ（正確にはわからないが、それほど多くはないと思う）、昔の袋を新しい袋と対照比較することはできないから。

▼第三に、製造業者が袋のサイズを変えたのは、確実に気づかれるものを変えるのを避けるためだ。つまり価格だ。われわれはつねに値上げを警戒しているが、袋の大きさが変わることは想定（期待）していない。だから業者はそれをうまく利用して、われわれの注意を背けたのだ。

ここまでのところで、どんなときに、どうして、われわれは変化を見落とすのかがわかってもらえたはずだ。次節ではこの原理を利用して、あなたのメッセージの否定的な面を相手に気づかせないようにする方法を説明する。

説得の戦術

否定的なメッセージを感じさせない

本節では、変化の見落としを利用してターゲットに影響を与え、（たとえば、親が子どもを説得して野菜を食べさせるというように）相手にとって望ましくないものであっても、こちらのメッセージを受け入れさせ、リクエストに応えてもらう方法を説明する。

系統的脱感作

ターゲットがあなたのメッセージを好ましく感じていない状況では、「系統的脱感作」を使って、そのメッセージを相手に定着させることができる。「系統的脱感作」は、恐怖症を治療するためのセラピーのひとつとして広く用いられている。不安を引き起こす刺激を徐々に強めながら少しずつそれに接触させていくことで恐怖症を克服させられるのだ。

たとえば、2歳の男の子、ピーターの事例を考えてみよう（Jones, 1924）。ピーターはウサギを怖がっている。この恐怖を克服させるために、実験者はまず部屋のいちばん遠いところにウサギを置き、ピーターにキャンディ（好意的な反応を引き出す刺激）を与えた。ウサギはまだ遠くにいるので、キャンディが呼び起こす好意的な反応が、ウサギによってかき立てられる不安を上回る。これを2か月間、毎日繰り返して、毎回ほんの少しずつウサギをピーターに近づけていった。2か月後には、ピーターはウサギの存在を気にしなくなり、恐怖症は完全に解消された。

あなたにも、克服したい恐怖症はないだろうか。系統的脱感作は大人にも効果がある。ある研究では、ひどいクモ恐怖症に悩む女性に、クモに関係した刺激に徐々に触れさせて恐怖症を克服させたやり方を説明している（Carlin, Hofman, & Weghorst, 1997）。数か月かけて、単にクモの話をすることから始め段階的に接触を増やしていった。クモの写真を見せたりおもちゃを見せたり、バーチャル・リアリティでクモを見せることまでした。セラピーが終わる頃には女性のひどいクモ恐怖症は解消していた。

「そりゃあすごいね、ニック。でもこれが説得とどう関係しているんだ？」よく尋ねてくれた。親が子どもを説得して野菜を食べさせる例を挙げたのを覚えているだろうか。もしあなたの子どもがとくに好んで食べる料理があったら（野菜を簡単に紛れ込ませられるものがいい）、次につくるときに、ほんの少しだけ野菜を加えてみるといい。ほんの少しなら何も尋ねずにそのまま食べるかもしれない。

その後、同じ料理をつくるたびに、ほんの少しずつ野菜の量を増やしていく。前回の料理と対照比較はできないので、野菜が増えていることに気づく可能性は低い。以前のことを振り返って、正体不明の何かがほんの少し入ったこの同じ料理を前にも食べたことを思い出すかもしれないが、おいしく食べていることに変わりはないので、ほんの少し野菜が増えてもひきつづき同じ態度で食べる可能性が高い。

同じことを何か月も続けていると、いずれ子どもは「何か」に気づくはずだ。だとしても、野菜が入ったものをすでに何か月もおいしく食べていたとわかると、野菜が入ったものをそのまま食べ続ける可能性が高いことが実験で示されている（Lee, Frederick, & Ariely, 2006）。

まとめると、相手が好ましく思わないであろうものに対して、好意的な（あるいは中立的な）態度をとってもらおうと思ったら、段階的にメッセージを定着させていくことで相手の感覚を鈍らせるといい。このテクニックは、次のようなときにさらに効果を増す。①変化が小さく、段階的に起きるとき、②対照比較ができないとき、③変化が起きることが予想（期待）されていないとき、④好ましくない刺激と好ましい刺激とを組み合わせたとき（キャンディとウサギや、おいしい料理と野菜など）。

マインド・リーダーの視点

手品で感覚を鈍らせる

公式の肩書きを「マインド・リーダー」に変える前、ぼくは5年以上にわたって「マジシャン」として活動していた。その間、マジシャンがタネを見破られないように用いる数々のテクニックを目にしてきた。手先の早業に気づかれないためによく使われるテクニックのひとつが、観客の認識を鈍らせるというものだ。

ぼくになったつもりで想像してほしい。ステージの上であなたは、マインド・リーディングのショーを演じている。相手に意識させずに相手の心に何かの考えをプライミングしようとしたが、質問する過程でそれがうまくいっていないことに気づいた。しかし意地っ張りなマインド・リーダーのあなたは、失敗を認めたくない。それでも相手の心を読めると思わせる手はないだろうか。

あなたは代替案に頼ることで体制を立て直すことにする。相手に考えを声に出して言ってもらい、あなたは気づかれないようにそれをポケットのなかで書きとめる。相手に気づかれないようにメモをとれる技術があれば、その器用さでポケットのなかの紙と観客の目の前で手にもっている紙とをすり替えることもできるはずだ。紙をすり替えることで、相手の考えを前もって予言していたように見せかけることができ、いわゆる奇跡を起こしたことにできる。

しかし、問題がある。ただ適当にポケットに手を入れると、おそらく観客の目をひいて、代替案が台なしになってしまう。では、どうごまかせばいいのか。ショーのあいだずっと、頻繁にポケットに手を入れることによって、ポケットに手を入れる動作にたいする観客の感覚を鈍らせればいい。頻繁にこの動作をすると、あなたがポケットに手を入れている状態に観客は鈍感になり、あなたが予言のメモを書くためにポケットに手を入れているときにも気づかれる可能性は低くなる。成功させるにはかなりの練習が必要だが、それくらいの努力はたいていのマインド・リーダーがやっている。

この種のパフォーマンスは、ウェブカメラを通す場合には非常にやりやすい。ポケットのことなど心配する必要はないからだ。目の前の机の上で書けばいいだけだ。実際、きちんとしたショーマンの腕をもってすれば、ウェブカメラを通じてこのパフォーマンスでびっくりさせ、口コミで話題になる動画をつくることもできる（ぼくの動画、「Chat Roulette Mind Reading - Part 1」をヒントにしてほしい）。

家族旅行【第2話】

ディズニーランドへの家族旅行の例を覚えているだろうか。節約家の夫が、あいまいな態度を示している。そこであなたは、リクエストに慣らすことで有利にことを進めることにした。

旅行パンフレットや絵はがき、そのほか旅行関係の広告などを家のあちこちに〝しまい忘れて〟置きっぱなしにしておき、繰り返し夫の目に触れさせる。これらの広告などによって、夫は旅行に行くという考えに繰り返し接し、旅行に対してより大きな魅力を感じることになる。こういったやり方に大きな効果があるのは、すでに説明したように無意識の接触のほうが意識上の接触よりも強力だからだ。もし夫がこういった仕掛けに注意を払わなければ、夫の旅行にたいする態度は「単純接触効果」によってさらに肯定的になる。

また繰り返し接触することで、旅行にたいする夫の「概念的流暢性」も高まる。ふたたび家族旅行の話題をもち出すと、これまでの接触のおかげで夫は自分が旅行している姿をよりスムーズに思い浮かべることができ、そのスムーズさを旅行に行きたい気持ちと勘違いする。

1、2週間こういった旅行広告を家のあちこちに置いたままにしてから、ようやく夫に旅行のことを尋ねる。今回は、夫の態度は以前よりもやや柔軟になっている。しかしまだ考える時間が必要だと言う。残念。

また思いどおりにはならなかったが、くよくよしないでほしい。さいわい、ほかにもいろいろと戦術はある。あとのほうで、またこの話には戻ってくることにしたい。

ステップ 5

メッセージをもっとも効果的に提示する

Optimize Your Message

リクエスト前	ステップ1	M	認識を形づくる
	ステップ2	E	行動と一致した態度を引き出す
	ステップ3	T	社会的プレッシャーを与える
	ステップ4	H	メッセージを定着させる
リクエスト中	**ステップ5**	**O**	**メッセージをもっとも効果的に提示する**
	ステップ6	D	モチベーションをさらに高める
リクエスト後	ステップ7	S	影響を持続させる

ステップ5のあらまし

「メッセージをもっとも効果的に提示する」とは？

ようやく、実際にリクエストをする段階まできた。これまでに学んだ4つのステップを簡単におさらいしておこう。

▼第一に、こちらに好意的な認識を引き出す「プライミング」、「アンカリング」、「期待」を通じて、ターゲットの認識を形づくった。

▼第二に、リクエストに応じる人に見られるパターンに合わせて、ターゲットのボディランゲージと行動を変化させた。これによって、行動と一致した態度を引き出すことができた。その結果、新しい態度と矛盾しないように、ターゲットがあなたのリクエストに応じる可能性が高まった。

▼第三に、社会的規範を強調するとともに強力なラポールを築いて、ターゲットにさらなるプレッシャーをかけた。

▼第四に、あなたのメッセージにターゲットが慣れるように繰り返し接触させ、感覚を鈍らせた。あなたのリクエストのテーマになじみをもつようになっているので、ター

ゲットがリクエストに応じる可能性は、さらに高まっている。

ＭＥＴＨＯＤＳの次のステップでは、あなたのメッセージあるいはリクエストを提示する適切な方法を説明する。具体的には、われわれがいかに状況に応じてメッセージを評価するのか説明し、ターゲットが評価するやり方に合わせてあなたのメッセージを調整する方法を解説する。

10 相手の評価を変える

朝、疲労困憊して仕事に向かう。新しい上司を感心させようと思って、徹夜で月例報告書を仕上げたのだ。でも、一生懸命やった甲斐があった。仕上がりにとても満足して、上司も努力を認めて褒めてくれるに違いないと思っている。

会社に着くと、そのまますぐに上司の部屋に向かい、満面の笑みで報告書を机の上に置いた。しかし悔しいことに、上司はレポートを手にとってぱらぱらとめくり、「ありがとう、よさそうね」とだけ言って、レポートをあなたの手に戻した。徹夜で作業したにもかかわらず、ざっと数秒しか見てもらえなかったのだ。がっかりして、あなたはとぼとぼと自分の席に向かい、眠気と戦うことになった。

数週間後、また月例報告書の締め切りがやってきた。同じ過ちは犯すまい。上司は数秒しか目を通さないのだから、余計な力を注ぐ必要はない。今回は30分で適当な報告書をつくって、定時に帰宅した。

翌朝、上司の部屋に行って、報告書を机の上に置く。悔しいことに、上司は、今度は徹底的に目を通したがった。すべて読んでおくので午後に話し合おうと言われる。あなたは上司の部屋を出て、もやもやした気持ちを抱えながら、自分の席まで力なく歩いた。好ましくない材料をもとに能力を判断されてしまうことになるからだ。

情報の評価は状況によって変わり、それがあなたにとってプラスになる場合もあれば、マイナスになる場合もある。本章ではわれわれがメッセージを評価する際のふたつの基本的方法を紹介し、あなたにとってもっとも好意的な評価を引き出すにはどうすればいいかを説明する。

メッセージを評価するふたつのやり方

基本的な情報処理の仕方には2種類ある。システマティック処理とヒューリスティック処理だ(Chaiken, 1980)。

システマティック処理

上司は、報告書を徹底的に分析、精査するときには、「システマティック処理」を用いていた。情報を批評的に分析するもので、エネルギーを必要とする評価だ。システマティック処理(「説得の中心ルート」とも呼ばれる）を用いるときには、情報を支えている論拠や、情報の内容を重視する。あなたは、こんなことをするだろうか。

- 思いつきで家を買う
- 地図にダーツを投げて、次の旅行先を決める
- 見た目で脳外科医を選ぶ

もちろん、しないはずだ。こういった状況では、きちんと下調べをして、細かい点を客観的に検討して適切な判断をしようとするだろう。ただし、次に述べるように必ずしもいつもそうするわけではない。

ヒューリスティック処理

上司が月例報告書をぱらぱらとめくっただけで判断したときには、「ヒューリスティック処理」を用いていた。簡単な決定ルールに基づいて、ごく単純に評価するやり方だ。ヒューリスティック処理（「周辺ルート」とも呼ばれる）を用いる際、われわれは単純で無関係で「周辺的な」要素から強く影響を受けることになる。たとえば次のようなものだ。

- 情報や証拠の量
- メッセージの見た目の美しさ
- メッセージを提示する人（好ましい人物か、魅力的か、専門性があると思われるかなど）

こういった周辺要素は、メッセージそのものの良し悪しとは必ずしも関係ない。しかしわれわれはよく、このような「ヒューリスティック」を使って、手っ取り早く全体的な評価を下す。システマティック処理とヒューリスティック処理の違いは理解してもらえたと思う。次に、特定の状況下でどちらの評価法が用いられるのかを決める、ふたつの要因について説明したい。

メッセージの評価法を決めるふたつの要因

説得分野の研究におけるふたりの中心人物、リチャード・ペティとジョン・カシオッポは「精緻化見込みモデル」というものを提示している（Petty & Cacioppo, 1986）。メッセージがいかに評価されるか（システマティックに処理されるか、あるいはヒューリスティックに処理されるか）、それを決定する要因を説明しようとするモデルだ。ここでは、彼らの研究が見つけたふたつの主要因、「評価のモチベーション」と「能力」について解説する。

モチベーション

第一の要因はメッセージを評価するモチベーションだ。ターゲットのモチベーションが高ければ、あなたのメッセージはシステマティック処理を使って評価される。ターゲットのモチベーションが低ければ、あなたのメッセージはヒューリスティック処理によって評価される。

当然の結論のように思われるかもしれないが、では、正確には何がモチベーションを決定するのだろうか。おそらくいちばん重要なのは、あなたのメッセージがどれほど大切なものと見なされているかという点だろう。ターゲットは、あなたのメッセージが理解すべき重要な情報だと見なせば、より客観的に検討しようというモチベーションを高める。

この本を例に考えてみよう。この本の宣伝文句を見た人は、システマティックとヒューリスティック、どちらの方法で評価するだろうか。慎重に説明文を読んで検討してもらいたいとは思うが、実際には単純な評価に基づいて買うか買わないか決めるだろう。なぜか。ほとんどの人は、本を買うという行為を、人生を変える大イベントとは考えていないからだ。宣伝文句に従おうが従うまいが、さほど重要な結果にはつながらない。わざわざ説明をしっかり読んで、インターネットで情報を探すなどということはせずに、あまり意味のないヒューリスティックに基づいて決定を下す。好意的なレビューの数や、ぼくの知名度などだ。

なかには、そんなことはないと言う人もいるかもしれない。説明を読んで、よく検討してからこの本を買ったのだと。だが、覚えておいてもらいたいのは、評価の方法を決めるのは状況（たとえば本を買うということ）ではないということだ。その人がもつモチベーションのレベルが決めるのである。まったく重要でない状況でも、もしその人が情報を評価するのに高いモチベーションをもっていたら、システマティック処理を使うことになる。

能　力

メッセージの評価方法を決める第二の要因は、ターゲットがもつ評価能力だ。ここでは人間の能力のふたつの側面、「評価の知的能力」と「機会」について説明する。

知的能力

ひとつ目の評価能力は、「知的能力」だ。これは一般的な知力とは異なる。ぼくが超対称量子力学についての講演を聞いて、まったく何を言っているのか理解できなかったとする。ぼくはバカだということになるだろうか。そんなことはない。そのテーマについて十分な知識をもっていないだけだ。こういった状況では、ぼくは周辺的要素（たとえば、講演者の自信や話し方）に基づいてスピーチの内容の正しさや良さを判断するだろう。メッセージを理解できないかぎり、ほかに評価する方法がない。この状況では、システマティック処理を用いるにはぼくの知的能力が低過ぎるので、周辺的要素をもとに講演を評価せざるを得ないのだ。

機会

ターゲットのふたつ目の評価能力は、外的な制約に関係している。ターゲットに時間がなかったり、ほかにやることがたくさんあったりすると、あなたの感じのよさや魅力といった周辺的要素に頼って、評価をスピードアップする。おそらく、最初の月例報告書を評価するときには上司は急いでいたので、あなたの自信満々の態度に基づいて内容を判断した。単純で無関係な要素を使って報告書を評価したら、内容をきちんと咀嚼して評価するより、はるかに速く処理できる。翌月の報告書を提出したときには、上司のスケジュールはそれほど詰まっておらず、きちんと評価する機会があったのだ。

説得の戦術

相手の評価を変える

前節では、「評価のモチベーション」と「能力」というふたつの要因が、メッセージの評価法を決めると説明した。ターゲットのモチベーションと能力が低い場合、ターゲットは周辺的な要素によってメッセージを評価する（たとえば、論点の数、見た目、あなたについてのイメージなど）。ターゲットのモチベーションと能力が高い場合、ターゲットはエネルギーを割いてあなたのメッセージを評価し、あなたの論点の良し悪しに基づいて判断を下す。

METHODSのこのステップでは、ここで学んだ知識を応用して説得を成功させるふたつの戦術を紹介する。

①ターゲットのモチベーションあるいは能力を変化させて、あなたのメッセージができるだけ有利なかたちで評価されるようにする（本章で説明する）。あるいは……

②ターゲットがあなたのメッセージをどの方法で評価するか、予備知識を使って予想し、メッセージをそれに合わせて調整する（次章で説明する）。

この第一の戦術では、前節で学んだモチベーションあるいは能力を変化させて、できるだけ有利なかたちで（システマティック処理でもヒューリスティック処理でも）ターゲットがあなたのメッセージを評価するように仕向ける。

ターゲットがあなたのリクエストに応じるべきだと考えるような、説得力をもつ理由がある場合には、システマティック処理を使ってその理由を評価してもらえるようにすべきだ。一方、論拠が非常に弱く、あまり分がよくないと感じられても心配する必要はない。それで終わりということにはならない。ヒューリスティック処理を使ってターゲットに評価してもらえれば、論拠の弱さを見過ごして、メッセージの内容とは関係ないほかの要因をもとに判断してもらえる。

システマティック処理をさせるには

ターゲットのモチベーションと能力を変化させて、システマティック処理を使わせるには、さまざまなやり方がある。ここでは例として、ふたつの戦術を挙げる。注意を引くことと、ターゲットにとってのメッセージの重要性を高めることだ。

相手の注意をひく

人間はつねに自動操縦モードで動いている。勧誘の電話がかかってきたら、何を売ろうとしているのか聞きもせずに電話を切るのではないだろうか。われわれは何かをリクエストされたら、自然な反応としてすぐに拒否しがちだ。それが習慣化した反応だからだ。

このように何も考えずに拒絶されるのを防ぎ、メッセージを真剣に検討してもらうためには、まず相手の注意をうまく引く必要がある。どうしたらいいのか。相手の注意を引くのに使える3つの簡単なテクニックを紹介しよう。

▼**カフェインを与える**：カフェインだって？　どうしろというのだ。リクエストをする前に、コーヒーはいかがですかと勧めろとでも言うのか？　その通り、勧めてみるといい。悪いこ

とは起きないはずだ。実際、カフェインはシステマティック処理を大幅に促進することが研究で示されている。ある実験では、学生に安楽死に関する主張を提示した。すべての学生が反対した主張だ。しかしカフェインの入った飲み物を飲んでいた学生は、飲んでいなかった学生よりも説得されてこの主張を受け入れた人が大幅に多かった（Martin et al., 2007）。状況が許せば、カフェインの入った飲み物をターゲットに与えることで、メッセージをより真剣に検討してもらえる。ビジネスの提案をするときには、クライアントをカフェに連れていくという手もあるだろう。

➤**メッセージの見た目をよくする**：カフェインを使えない状況であればどうするか。メッセージの見た目をよくすることで、相手の関心を引き、こちらの主張により注意を払ってもらえるようになることが研究によってわかっている（MacInnis, Moorman, & Jaworski, 1991）。テレビを見ていると、とても美しい映像のコマーシャルが現れて、引きつけられることがないだろうか。一度引きつけられると、何か重要な、あるいは説得力のあるメッセージが含まれているのではないかと考え、そのコマーシャルにさらに注意を払うことになる。

➤**ピーク・テクニック**：ターゲットの関心を引く3つ目のテクニックが、「ピーク・テクニック」だ。普通のリクエストを普通にするのではなく、おかしなやり方でリクエストすることで、ターゲットを自動操縦モードから抜け出させることができる。このことを検証するための実験では、アシスタントが路上で物乞いをして、17セント、25セント硬貨、37セント、あるいは「いくらでも」恵んでほしいと通りすがりの人に頼んだ。興味深いのは、リクエストが普通でないない場合（17セントや37セントの場合）に、より多くのお金をもらうことができたことだ。自動操縦モードから抜け出したことで、何も考えずに拒絶するのではなく、おかしなリクエストを検討するよう強いられたのだ（Santos, Leve, & Pratkanis, 1994）。

メッセージの重要性を高める

ターゲットの注意を引くだけでなく、メッセージを真剣に検討してもらうよう仕向ける方法はほかにもある。ターゲットにとって、そのメッセージが重要だと思わせればいいのだ。あなたのメッセージが自分に（プラスにであれマイナスにであれ）関係すると思えば、ターゲットは注目するようになる（Petty & Cacioppo, 1990）。

テクニックのひとつに、あなたのメッセージがもたらす結果を示すというやり方がある。はっきりと示せるに越したことはない。たとえば、安全運転を訴えるコマーシャルは、実験用の人形より、血まみれの実際の被害者を映したほうがはるかに高い効果をあげる（Rogers & Mewborn, 1976）。ただ、結果を示す以外にもテクニックはある。あなたのメッセージをより重要だと思わせるために使える具体的なテクニックを3つ紹介しよう。

➤二人称の代名詞を使う：「あなた」という語をメッセージのなかで使うと、広告の説得力を劇的に高められることが広告分野の研究で示されている。たとえば、ある実験で電卓の広告を評価してもらうと、被験者は、二人称の代名詞を含まない広告（たとえば、「もし間違いが起きたら……」）よりも、二人称の代名詞が使われた広告（たとえば、「あなたは、計算機の技術をご存じだろう……」「あなたは覚えているだろう」）の電卓に対してのほうがはるかに好意的な態度を示した（Burnkrant & Unnava, 1995）。

▼**ストーリーを語る**：テレビコマーシャルでは、キャラクターや役者を使って、商品のメリットをストーリー仕立てで示すことがよくある。なぜわざわざこんなことをするのかと不思議に思ったことはないだろうか。商品の長所をただ単純に説明すればいいではないかと。視聴者は、ストーリー仕立てのコマーシャルを見ると、（とくに自分と似ているときには）キャラクターに感情移入し、自分自身が生活のなかでその商品を使っている姿を思い浮かべる（Deighton, Romer, & McQueen, 1989）。

▼**レトリックとしての質問をする**：この本でぼくは、レトリック的な質問をたくさん投げかけてきたが、どうしてそんなことをするのだろうと思われなかっただろうか。まさにいましたような質問のことだ。ぼくがこういった質問をたくさん使うのは、読み手に自分自身とのつながりをより強く感じさせるためだ。ある実験で、大学４年生に卒業前の総合試験を課すべきだという意見を学生に提示すると、意見がレトリック的な質問で示されたときに（たとえば、「……という意見に、あなたも賛成しないだろうか」「……というのは正しくないだろう

か」など）、多くの人が説得された。こういった質問によって、学生がこの意見を自分自身の生活と結びつけて考えるようになったからだ（Petty, Cacioppo, & Heesacker, 1981）。

以上で、相手のモチベーションと能力を高めてあなたのメッセージを真剣に検討してもらう方法を理解してもらえたと思う。次に、相手のモチベーションと能力を低下させて、メッセージを軽い気持ちで評価してもらう方法を説明する。

ヒューリスティック処理をさせるには

あなたのメッセージを支える論拠が弱いときには、相手にヒューリスティック処理を使ってもらったほうがよい。では、どうすればいいのか。意外と簡単なことだ。ターゲットがコンピュータ・プログラムだとすると、デフォルト設定はヒューリスティック処理になっている。いいかえるなら、モチベーションや能力を高めることを何もしなければ、たいてい相手はそのまま、軽い気持ちであなたのリクエストを検討する。しかしこれをさらに確実にしようと思ったら、ターゲットがシステマティック処理を使わないように密かに導くテクニックがいくつかあるので、それを使うといい。ここでは3つの戦術を例として紹介したい。メッセージを複雑にすること、相手の機嫌をよくさせること、相手の興奮を高めること、この3つだ。

メッセージを複雑にする

だれかを説得しようとする場合、普通はメッセージをできるだけ明確にするよう求められることが多い。意外に思われるかもしれないが、これは必ずしも最善のやり方ではない。状況によっては、メッセージを複雑にしたほうがターゲットを説得しやすくなることがある。このことを理解していると、珍しい高級チーズの宣伝文句が、読みやすいフォントで書かれているときよりも、読みにくいフォントで書かれているときのほうが売り上げにつながる理由がわかるだろう(Pocheptsova, Labroo, & Dhar, 2010)。

このおかしな結果は、「処理流暢性」によって説明できる。情報処理のスムーズさと速さを、情報の良し悪しと取り違えるという話を覚えているだろうか。自己主張をした場面を12挙げた人のほうが、6つしかあげなかった人より自分のことを自己主張的ではないと認識したという話だ。場面を12も挙げるむずかしさを、自己主張の低さと取り違えたのだ。

同じような取り違えが、珍しい商品の広告を見たときにも起きる。高級チーズがその一例だ。宣伝文句が読みにくいフォントで書かれていると、その処理のむずかしさを、チーズの珍しさと取り違え、そのために魅力を感じて購入する可能性が高まる。普通のチーズの広告だとこの効果はなくなる。日常的に食べる普通のチーズの場合は、読みやすいフォントで書かれた宣伝文句のほうが売り上げにつながる。処理のスムーズさが親しみを感じさせるからだ。

処理流暢性とメッセージの複雑さによって、よりよい評価につながる刺激はほかにもある。ある研究では、大学院に出願する学生をサポートするオンライン指導サービスを題材に実験を行った。サービス提供時の画面を白地で黒文字に（読みやすく）したときより、白地に青文字に（読みにくく）したときのほうが、多くの学生がそこに価値を見出し、1年間の利用料金をすすんで支払った。読みにくい表示でサービスを提供したほうが、学生は好意的に評価したのだ。なぜなら、処理のむずかしさを大学院出願のむずかしさと取り違え、指導サービスを必要とする気持ちが高まったからだ（Thompson & Chandon Ince, 2013）。

あなたの商品がユニークである、あるいはサービスがむずかしいとターゲットに認識させたいのであれば、メッセージの複雑さを高めればいい。たとえば、読みにくいフォントを使うというのもひとつの手だ。処理するのがむずかしい形式でメッセージを提示すると、ターゲットのモチベーションと能力は下がり、処理流暢性などのほかの要素に頼ってメッセージを評価する傾向が強くなる。メッセージの見た目の良さを保ちながら、同時に処理流暢性を低下させると、あなたの商品をよりユニークであると感じさせたり、サービスをよりむずかしい（したがって高い価値がある）と思わせたりすることができる。

相手の機嫌をよくさせる

メッセージを検討するモチベーションを下げるもうひとつの要因は「相手の機嫌」だ。機嫌がいい人は、あまり客観的にメッセージを検討しない傾向にある（Bless et al., 1990）。

だれでも機嫌がいいときには無邪気に楽観的になることが多い。たとえば、金融バブルを長引かせるひとつの要因は「根拠なき熱狂」である。連邦準備制度理事会の元議長、アラン・グリーンスパンの造語だ。１９９０年代終わりの「インターネット・バブル」のあいだ、インターネット企業の株価が数年にわたって高騰し、企業の基礎的な財政力は、過大評価された株価をもはや支えきれないところにまで達した。株価が上がり続けると、われわれは無邪気な楽観主義と根拠なき熱狂とを募らせていく。得られる利益の大きさから肯定的な気持ちになり、株価は上がり続けるという誤った想定をする。その結果、バブル崩壊が差し迫っていることに気づかずに、銀行口座の残高はやがて底をつく。

肯定的な気持ちとは違って否定的な気持ちのときには懐疑心が強まる。機嫌が悪いと、このメッセージは何かがおかしいと無意識に考え、不安感からメッセージを綿密に分析する。機嫌のいい人は説得力のある主張とない主張、どちらによっても説得されるのに対して、機嫌が普通あるいは悪い人は、説得力のある主張にしか説得されないという研究結果もある（Mackie & Worth, 1991）。

メッセージを軽い気持ちで評価してもらいたかったり、あなたのリクエストがリスクの高いものだったりする場合には、まずターゲットを機嫌よく楽観的にさせると、リクエストに応じてもらえる可能性が高まる。

相手の興奮を高める

おかしな意味にとらないでもらいたい。この「興奮」は性的な興奮とは違って、ヒューリスティック処理を引き出す興奮だ。

この種の興奮を理解するためには、まず別の概念を理解する必要がある。われわれ人間は、自分自身の感情や気分をしっかり把握していると考えている。悲しみ、興奮、恐れといったあらゆる種類の感情は、それぞれ異なる感覚や気分を自分の内面に生じさせると思っている。しかし意外なことに、こういった感情の多くは、同じ生理反応を引き起こすのだ。

生物学的には同じ反応を引き起こすにもかかわらず、なぜそれほど違って感じられるのか。スタンレー・シャクターとジェローム・シンガーが「情動二要因理論」を提示して、人間は情動反応を2段階で解釈すると説明している（Schachter & Singer, 1962）。第一に、刺激に反応して、生理的興奮一般とでもいえるものを感じる。この「興奮」は、心臓の鼓動が速くなったり、息が荒くなったり、手に汗をかいたり、アドレナリンがたくさん出ているときの症状として現れるのが普通だ。第二に、そういう興奮を経験したあとで、状況を見ながらその興奮状態を解釈し、その興奮にもっともふさわしいと思われる感情の名前をつける。

ふたつのシナリオを考えてみてほしい。ひとつ目のシナリオでは、治安の悪い街で深夜に路地裏を歩いていると、闇のなかから銃をもった男が現れ、有り金をぜんぶ出せと言ってきた。この状況では、たいていの人間は非常に激しい興奮状態に陥って鼓動が速くなったり、息が荒くなったり、手に汗をかいたりするだろう。

もうひとつのシナリオでは、宝くじを買い、家でテレビの前に座って当選番号が発表されるのを待っている。テレビ番組の司会者が現れ、当選番号を読み上げると、あなたの番号とすべてぴったり一致していた。たったいま、5000万ドルが当たったのだ。あなたの身体はどう反応するだろうか。おそらく鼓動が速くなったり、息が荒くなったり、手に汗をかいたりと、強盗にあったときとほぼ同じ徴候が現れるのではないだろうか。

強盗にあうのと宝くじに当たるのは、性質がかなり異なるシナリオだが、いずれも同じような身体反応を引き起こす。シャクターとシンガーによると、生物学的な反応が同じであるにもかかわらず、ふたつのシナリオから生じる感情が非常に異なるのは、われわれが環境や状況を考慮に入れて興奮に名前をつけるからだ。強盗にあったときには、強盗にあったと認識して興奮に「恐怖」というラベルを貼る。宝くじに当たると、大金を手にしたと認識して、興奮に「喜び」というラベルを貼る。今度あなたが恐れを感じるような状況（人前で話しをする場面など）に直面したら、興奮に別のラベルを貼ることで不安を和らげることができる。たとえば、この興奮はわくわく感だと考えればいいわけだ。

では、自分自身を説得するだけでなく、ほかの人を説得するのに、興奮はどう役に立つのか。研究で示唆されているように、興奮を呼び起こすことがプラスになるのは、相手にヒューリスティック処理を使わせるからだ。たとえば、運動をすることで興奮状態になった人は、有名人を使った広告から影響を受けやすい（Sanbonmatsu & Kardes, 1988）。友だちに何か頼みごとをするときには、ジムにいっしょにいく日にすれば説得できる可能性が高まるということだ。この興奮についての考えを、心の片隅にとどめておいてもらいたい。最終章で振り返り、興奮を説得に応用する方法をほかにもいくつか紹介したいからだ。

さしあたり、あなたのリクエストを有利に検討してもらう方法をひとつ、理解してもらえたと思う。次章では、その逆の戦術について論じる。特定の検討方法に合わせて、こちらのメッセージを調整する戦術だ。

11 メッセージを調整する

相手のモチベーションと能力を変化させて、メッセージをできるだけ有利な方法で評価してもらうのは効果的な戦術だが、相手の評価方法を変えることができない状況もある。その場合はどうしようもないのだろうか。そんなことはない。相手のモチベーションと能力を判断して、どのタイプの評価が使われるかを予測し、それに合わせてメッセージを調整すればいい。前章で、関係する心理学についての説明はしたので、本章ではいきなり説得の戦術を説明しよう。

説得の戦術

メッセージを調整する

全体的な戦術はこうだ。ターゲットがシステマティック処理を使うようなら、あなたは自分の主張の説得力を高めることに集中すべきだ。ターゲットがヒューリスティック処理を使うようなら、メッセージの周辺要素をよりよくすることに力を注ぐのが賢明だ。ここで示す説得術では、それぞれの場合に使える実践的なテクニックを説明する。

システマティック処理に合わせてメッセージを調整するには

ヒューリスティック処理に合わせるときには、メッセージを強化しようとしてさまざまな側面を調整できるが、システマティック処理に合わせる場合は、最も重要な面ただひとつしか調整できない。メッセージの説得力だ。

ターゲットが高いモチベーションと能力であなたのメッセージを評価すると予想されるなら、メッセージを支える論拠を強化することに集中する必要がある。状況が許さずに論拠の説得力を高められない場合には、ふたつの選択肢がある。第一は、前章で説明した説得術を用いて、ターゲットのモチベーションと能力を下げるというものだ。たとえば、相手にとっての重要性を低く見せることで相手にそれは自分とは関係のないものだと思わせたり、相手の注意を引かないようにしたりすればいい。それができれば、軽い気持ちでメッセージを評価してもらえる。もうひとつの選択肢は、あなたの主張に説得力があるように見せかけるというものだ。ふたつのテクニックを紹介する。

両面の論点を提示する

通常考えられているのとは違って、こちらのメッセージについて否定的な情報を少し示すと、実はプラスの効果が得られる。両面の論点を提示すると（つまりメッセージの肯定的な面と否定的な面を両方とも示すと）、相手の態度と行動が好ましく変化すると研究でも示されている（Rucker, Petty, & Briñol, 2008）。

メッセージに肯定的な論点しか含まれていないと、否定的な情報をわざと省いているのではないかと感じさせ、そのメッセージに対して懐疑心を生じさせる。一方、メッセージに否定的な情報が少し含まれていると、情報が出そろっている印象を与え、メッセージを肯定的に受けとってもらえる。状況が許せば、否定的な情報も少しメッセージに盛り込むべきだ。また、その否定的な情報について反論も加えられるといい。そうすると、受け手はあなたがテーマの両面を考慮に入れていると感じ、その結果、説得されやすくなる。

論点を適切な順番に並べる

場合によっては、いくつもの論点を提示してメッセージを支えることになる。たとえば、学校で求められる小論文や、ビジネスの企画書などだ。メッセージの説得力を最大限に高めるためには、論点を適切な順番に並べなければならない。

2章で見た初頭効果のことを覚えているだろうか。先に提示された情報が、そのあとに続く情報の見方に影響を与えるという効果だ。同様に、「新近性効果」というまた別の強力な効果もある。これは、最後に出てきたものがいちばん記憶に残るという効果だ（Murdock, 1962）。初頭効果と新近性効果を利用して論点を適切な順番に並べ、メッセージの説得力を高める方法を見ていこう。

強力な論点を最初と最後に置く

小論文を書いたり、企画書を準備したり、あるいはターゲットがあなたのリクエストに応じるべき理由を並べたりするときには、つねにいちばん説得力のある論点を最初と最後に置くべきだ。初頭効果と新近性効果のせいで、最初と最後に置かれた論点はより重みをもつことになる。

このアドバイスは、あなたがほかの人との比較で評価されるときにも当てはまる。たとえば、芸を競うコンテストや、就職のための面接などだ。最初か最後に登場できると、より強い印象を残して記憶にとどめてもらえる。最初と最後が有利なのは、概念的流暢性を利用できるからでもある。最後に審査員が決定を下すとき、最初と最後に登場した人はより思い出しやすいため、その思い出しやすさを内容の優秀さと取り違えやすい。あなたのことを思い出しやすければ、誤ってほかの人よりも優れていたという結論に達しやすいわけだ。

あなたが仕事の面接を受けることになり、日程調整をしているとしよう。人事の担当者が、1

日にまとめて候補者の面接をしようとしていることがわかった。採用される可能性を高めるためには、面接を朝早くか（ほかの候補者よりも早い時間）、午後の遅く（ほかの候補者よりもあと）に入れてもらうようにすべきだ。覚えてもらいやすくなり、採用者を決めるときに面接官の意識のいちばん上に残っていて選んでもらえる可能性が高まる。

最初と最後は同じなのか。あるいはどちらかのほうが、より大きな効果を発揮するのか。さらにこの戦術をきわめたいのであれば、こうするといい。相手がすぐに決断を下さなければならないときには、いちばん強力な論点を最後にもっていく。なぜか。ターゲットが決断をするときに、その論点が短期的な記憶である「作業記憶（ワーキング・メモリー）」に残っているからだ（Miller & Campbell, 1959）。逆にターゲットが決断するまでに時間がかかるときには、いちばん有力な論点をはじめにもっていく。長期的には初頭効果のほうが強力だからだ。

先ほど挙げた就職面接の例では、企業がすぐに採用決定をすることがわかっていれば、面接は午後遅くに入れてもらうといい。短期的には新近性効果のほうが強力だからだ。しかし企業がすぐに決定を下さないようであれば、面接はできるだけ早い時間に入れてもらったほうがいい。

説得力に欠ける論点をまんなかに置く

メッセージには、否定的な情報も少し盛り込んだほうがいいと書いたのを覚えているだろうか。そのアドバイスどおりにするのなら、否定的な情報は全体のまんなかに置くべきだ。まんなかにあれば、メッセージ全体の完成度を高く感じさせる効果は保ちつつも、否定的な情報はターゲットの記憶にあまり残らないからだ。

否定的な情報や説得力に欠ける論点は、けっして最初にもってきてはならない。最初にもってきてしまうと、「接種効果」と呼ばれる弊害を及ぼしかねない（McGuire, 1964）。予防接種の注射には微量のウィルスか細菌が含まれており、免疫が体内につくられることでウィルスや細菌から身体が守られる。同じことが説得にも当てはまる。はじめに説得力に欠ける論点を提示されると、その論点に抵抗を示し、あとに続く論点がたとえ説得力のあるものでもそれに抵抗するようになる。はじめの説得にうまく抵抗すると、説得に対する「抗体」ができて、そのあとの攻撃に抵抗しやすくなるのだ。したがって、つねに第一印象をよくするよう努力すべきである。一度、印象が形成されると、それを変えるのはどんどんむずかしくなっていくからだ。

ヒューリスティック処理に合わせてメッセージを調整するには

われわれがメッセージを評価するときに用いるヒューリスティックは無数にあるが、ほとんどはあなた自身かあなたのメッセージにかかわるものだ。ここでは、そういったヒューリスティックのいくつかを紹介し、それを強化する方法を説明する。

あなたに対する相手の見方

あなたが夜にバーでお酒を飲んでいると、そこにいるいちばんの酔っ払いが、世界の終わりが来るぞと叫んでいる。客観的には恐ろしい主張だが、あなたはまったく動じないはずだ。しかし、バーの酔っ払いではなく、有名な科学者がテレビのなかで世界の終わりが近づいていると主張したらどうか。まったく同じ主張だが、そちらのほうがより恐ろしく感じるのではないだろうか。

話し手にたいする見方は、その人のメッセージを受け入れるか拒絶するかを瞬時に判断する際に用いられる強力なヒューリスティックだ。ここでは、このヒューリスティックの強力なふたつの側面、「権威」と「魅力」について説明したい。

権威

たまたま出会った相手に超高圧電流のショックを与えるようだれかに言われたら、あなたはやるだろうか。では、そのだれかが、実験用の白衣を着ていたらどうか。あなたの気持ちは変わるだろうか。スタンレー・ミルグラムは、心理学研究史上もっとも物議を醸した画期的な実験で、指示する者が白衣を着ているかどうかが実験結果を大きく左右することを示した（Milgram, 1963）。

この実験では、ふたりの参加者が同じ部屋に入り、実験者が現れるのを待つ。ひとりは本物の被験者で、もうひとりは実験者に雇われた協力者だ。被験者はそのことを知らない。

ふたりの〝参加者〟があいさつを交わすと、実験者が部屋に入り、これから学習についての実験を行うと説明する。各参加者には別々の役割を無作為に割り当てられる。片方の参加者が「教師」、もう片方の参加者が「学習者」だ。無作為というが、実はこれは仕組まれていて、協力者は必ず学習者の役割を割り振られ、被験者は教師の役割を与えられる。

それから、これは電気ショックが学習に与える影響を調べる実験だと説明される。被験者が見ているところで、実験者は協力者を見るからに恐ろしい椅子にしっかり縛りつける。そして、これは電気ショックを与えるための椅子だと伝えられる。「教師」である被験者の役割は、「学習者」に対して隣りの部屋から次々と質問をすることだ。「教師」は、「学習者」が間違った回答をするたびに電気ショックを与えるボタンを押すよう求められている。電気ショックのレベルは、15ボルトからほぼ致死量にあたる450ボルトまで15ボルト刻みで上がっていく。被験者は、答えを間違うたびに、前よりも高い電圧のショックを与えるよう指示される。

被験者には知らされていないが、協力者は実際には電気ショックを受けていない。実験で調べようとしていたのは、被験者がどこまで実験者のリクエストに従って、電気ショックを与えるかという点だった（ただし、協力者はそれらしくうめき声をあげ、徐々に大げさに反応し、最後には苦しみの叫び声をあげてみせる）。

どこかの時点で、被験者がショックを与えるのを止めていいかと実験者に尋ねると、実験者は次の4つの指示を段階的に出した。

①続けてください。
②続けてもらうことが、実験には必要です。
③続けてもらうことが、絶対不可欠です。
④続ける以外に選択肢はありません。

この4つの指示を出してもなお被験者が止めると言い張ると、そこで実験は終了となる。研究結果は〝ショッキング〟だった。65％もの人が、いちばん高い電圧（ほぼ致死量だと被験者にも告げられていた）までショックを与えたのだ。相手が死にかねないにもかかわらず、苦しみの叫び声を聞きながら半数以上の人が強力な電気ショックを与え続けた。

これが説得とどうかかわっているのか。やみくもに権威に従う傾向があるのと同じように、われわれは特定の分野の専門家をやみくもに信じがちだ。専門家が何かを主張をすると、システマティック処理を使ってその情報を批評的に評価しようとはせずに、単に「専門家」の意見だからというだけで情報が正しいとそのまま信用してしまう。たとえば、酸性雨についてのスピーチ原稿を学生に読ませると、まったく同じものでも、環境学の専門家が書いたと告げられたときのほうが、数学の専門家が書いたと聞かされたときよりも、説得される人が多かった（Mackie & Worth, 1991）。

あなたがまだ専門家と見なされていなくても、専門家の見解を利用して自分の主張を補うことはできる。この本はぼくの1冊目の本なので、この分野でのぼくの権威はかなり低いといっていい。ぼくは、自分に権威と知識があるなどと説得しようとはせずに、既存の研究を多く参照することで自分の主張を補い、権威不足というハードルを乗りこえようとした。脚注を使うことも考えたが、あえて文中に参考文献を記したのは、ここで紹介している戦術が信頼できる研究に基づいていることをできるだけはっきり示したかったからだ。

魅力

完璧な世界が存在するなら、見た目がどんなに魅力的でも説得に影響を及ぼさないだろう。だが、ちょっと考えてみてほしい。われわれは完璧な世界に生きているわけではない。魅力は大切だろうか。大切だ。残念ながら、恐ろしいほど大切と言わざるを得ない。衝撃的な研究結果を見てみよう。

- 見た目が魅力的な犯罪者に対する判決はより軽くなる（Sigall & Ostrove, 1975）。
- 見た目が魅力的な幼児は、周りの人によりかまってもらえ、面倒をみてもらえる（Glocker et al., 2009）。
- 見た目が魅力的な男性は初任給がより高く、見た目が魅力的な女性は仕事を続けると、最後はほかの女性よりより多く稼ぐようになる（Frieze, Olson, & Russell, 1991）。

このようなメリットがあるわけだが、では、見た目が魅力的な人は、そうでない人よりも本質的に「優れている」のだろうか。多くの研究者が調べた結果、そのことを証明する実験結果はほとんど存在しない。実際に魅力的な人がほかの人より優れていると証明されたのは、セックスの相手を見つけるのに成功する能力くらいだった（Rhodes, Petty, & Briñol, 2005）。

見た目の魅力から生じるほかのメリットはすべて、心理学的な要因に由来している。見た目が魅力的な人が有利なのは、ほかの人たちが無意識に好意的に接しているからだ。たとえば、ある研究では、男子学生が電話で話している相手が魅力的な女性だと信じ込まされると、男子学生が話し相手の女性に好感を抱くだけでなく、話し相手の女性もまた男子学生に好意的な印象をもった（Snyder, Tanke, & Berscheid, 1977）。

見た目の魅力については、このように注意すべきことがたくさんあるが、あなた自身の見た目を魅力的に感じさせるテクニックもある。そのうちふたつは、すでに紹介した。「親しみ」と「類似性」だ（Moreland & Beach, 1992; Montoya, Horton, & Kirchner, 2008）。見た目をより魅力的に感じさせるためには、①相手のそばに頻繁に姿を見せ、②その人と共有している点、似ているところを何でもいいから相手に示すといい。

それだけではない。もうひとつ、さらに強力なテクニックがある。それについては最終章で詳しく説明したい（また、スポーツジムでは恋愛相手に出会える確率が高まる理由についても解説する）。

メッセージのとらえられ方

ヒューリスティックは、情報の発信源（話し手の権威や魅力）にのみ見いだされるわけではなく、メッセージそのものにも見出される。ここでは、ヒューリスティック処理を行う人に対してアピールするときに役立つ、3つの周辺要素を紹介したい。

情報量

ヒューリスティック処理は、簡単に処理したい場合に用いられるので、メッセージに含まれる情報量が単純に多いと、それだけで影響を受けてしまう。つまり、ヒューリスティック処理を使っている人は、メッセージに情報が多く含まれているとより説得されやすくなる。メッセージを支える論拠がたくさんあると自動的に思い込むからだ（Petty & Cacioppo, 1984）。

たとえば、あなたはネットでミキサーを購入しようとしている。たいして重要な決断が求められるわけではないので、それぞれの商品説明を検討するモチベーションはかなり低く、ヒューリスティック処理を使う可能性が高い。長い説明があり、長所がたくさん羅列されたミキサーがたまたま目に入ったら、たくさん情報があるということは高品質のミキサーなのだと判断しがちだ。

ターゲットがヒューリスティック処理を用いて、いくつかの選択肢のなかからどれかを選ぶとわかっているなら、選んでもらいたい選択肢に長い説明をつけておくといい。それを選ぶよう誘導できるからだ。説明の内容が、必ずしも長所を説明するものになっている必要はない。それでもターゲットの決定に影響を与えることができる。

見た目のよさ

意識していようがいまいが、われわれは情報をメッセージの見た目のよさで評価する。たとえば、企業の年次報告書を財務アナリストが検討するというように、財務上の重要な判断をするときですら財務報告書のデザインやグラフから影響を受ける（Townsend & Shu, 2010）。

「神経美学」と呼ばれる、高い可能性を秘めた新研究領域がある。美的に心地よい刺激に対して脳がいかに反応するかを研究する分野だ（Chatterjee, 2010）。この領域では、人間は美的に心地よいものを見ると生物学的快感を覚えることが明らかにされている。たとえば、さまざまな絵画を見せられたときの神経反応を測定すると、事前にその人が美しいと評価していた絵を見せられたときだけ眼窩前頭皮質（報酬と関連づけられる脳領域）が活性化していた（Kawabata & Zeki, 2004）。

美的に心地よい刺激を得ると、脳は快感を覚え、その快感がメッセージの内容によるものだと勘違いする。したがって、見た目が重要だとは思われないときでも、つねに時間を割いてメッセージの見た目をよくしておくべきだ。

ウェブサイトの美しさなど重要ではないというマーケティング専門家もいる。「重要なのは内容だけ」。いわゆるマーケティングの〝権威〟が言うそんな言葉を信じてはいけない。ウェブサイトの美しさは決定的に重要だ。それにはいくつか理由がある。第一に、われわれは品質を判断する際に、見た目のよさをヒューリスティックとして用いる。サイトの見た目がいいと、内容も平均以上だと考え、見た目が悪いと内容は平均以下だと考える。これは第二のメリットともつながっている。見た目のよさによって、そのサイトを訪れた人が内容を検討しようという気になるのだ。通常、この判断はわずか0・005秒のあいだになされる（Lindgaard et al., 2006）。見た人が検討する気になってくれなければ、どれだけ強力なコンテンツを用意していても意味がない。

理由づけ

この節は、文字を指でなぞりながら読んでもらえないだろうか。この節で示す心理学的原理をよりよく理解してもらえるからだ（それがなぜかは、数段落後に説明する）。

図書館にいると想像してほしい。あなたはできるだけ早くコピー機を使いたいと思いながら、ほかの人が使い終わるのを待っている。次の3つのリクエストのうち、いちばん効果があるのはどれだろうか。

➤すみません、5ページだけコピー機を使わせてもらえませんか。

▼すみません、5ページだけコピー機を使わせてもらえませんか。コピーをとらないといけなくて。

▼すみません、5ページだけコピー機を使わせてもらえませんか。急いでいるもので。

3つ目がいちばん効果があると思ったのではないか。厳密に言うとそのとおりだ。これを検証した有名な実験では、94%の人が3つ目のリクエストに応じた。ひとつ目のリクエストに従ったのは60%に過ぎなかった（Langer, Blank, & Chanowitz, 1978）。

では、ふたつ目のリクエストはどうか。よく考えると、ふたつ目はひとつ目のリクエストと実質的には同じ内容だ。コピー機を使う必要があるということは、コピーをとる必要があるということにほかならない。「コピーをとらないといけなくて」とつけ足しても意味に違いは生じない。それでも興味深いことに、ふたつ目のリクエストには93%もの人が応じた。3つ目のリクエストに従った人の割合とほぼ同じだ。リクエストの理由を示されると、ほとんどの場合、ヒューリスティック処理をしている人はその理由は妥当だと考える。したがって、どんな理由であれ、「コピーをとらないといけなくて」というような無意味な理由であっても、ターゲットがあなたに従うかどうかを決める際のヒューリスティックとなり、説得力を高めることができるのである。

まだ文字を指でなぞりながら読んでくれているだろうか。読者全員に従ってもらうのは不可能だが、ぼくがその理由を示したことで（「この節で示す心理学的原理をよりよく理解してもらえるからだ」)、従ってくれる人は多くなったはずだ。ほとんど意味のない理由であっても(ほかにそんなことをしてもらう理由があるだろうか)、それが理由づけとして機能したというわけだ。

メッセージを提示したり、リクエストをしたりする際には、いつもなんらかの理由づけをすべきである。些細なものでもかまわない。相手がヒューリスティック処理をしていたら、理由は妥当だと無意識のうちに考えて、メッセージを受け入れたりリクエストに応じたりしてもらえる可能性が高くなる。

このステップにはたくさんの情報が含まれているので、図にまとめてみた。ぜひ参照してほしい。

ステップ5のまとめ

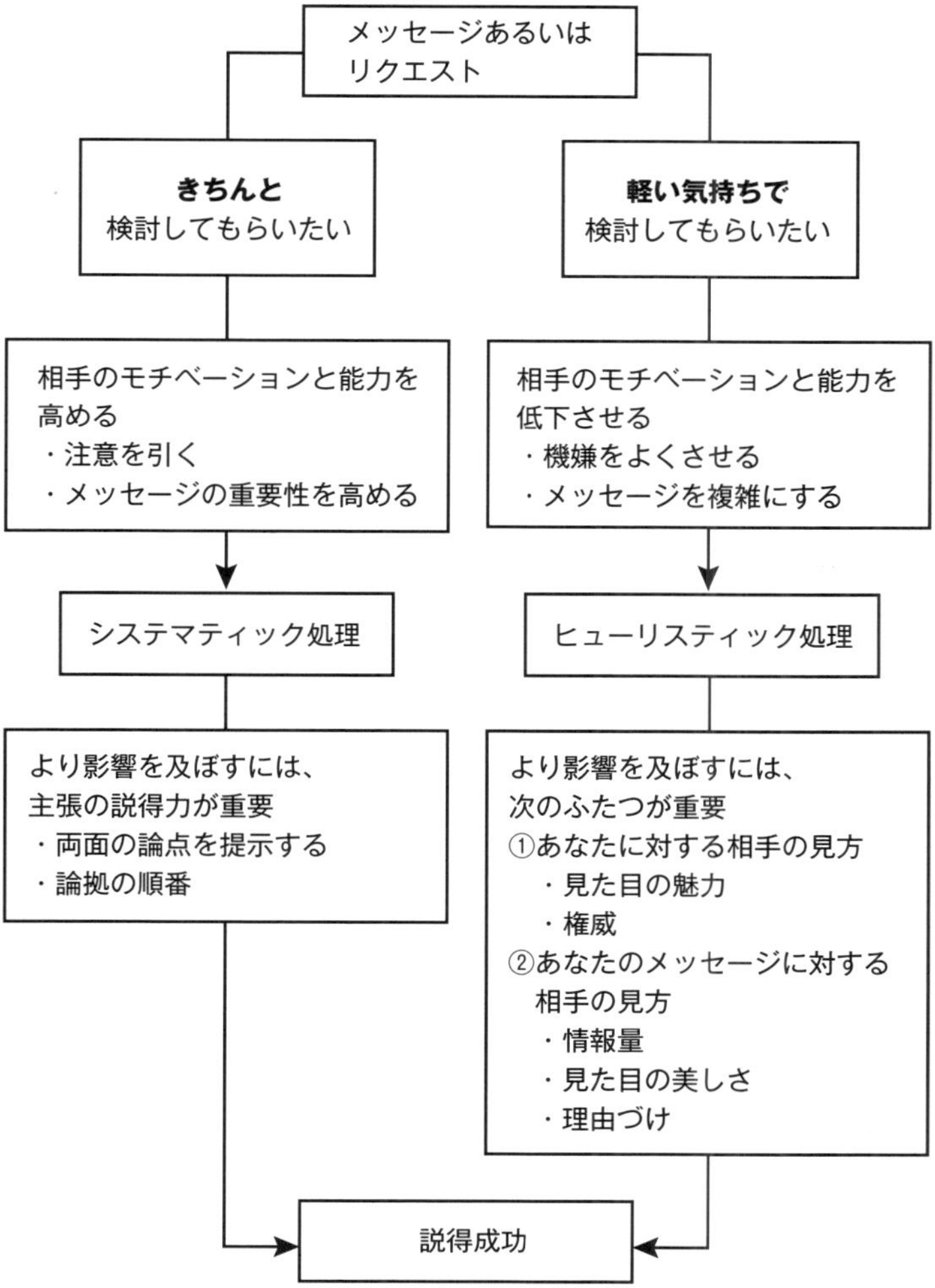

メッセージあるいは
リクエスト
きちんと
検討してもらいたい
軽い気持ちで
検討してもらいたい
相手のモチベーションと能力を
高める
・注意を引く
・メッセージの重要性を高める
相手のモチベーションと能力を
低下させる
・機嫌をよくさせる
・メッセージを複雑にする
システマティック処理
ヒューリスティック処理
より影響を及ぼすには、
主張の説得力が重要
・両面の論点を提示する
・論拠の順番
より影響を及ぼすには、
次のふたつが重要
①あなたに対する相手の見方
・見た目の魅力
・権威
②あなたのメッセージに対する
相手の見方
・情報量
・見た目の美しさ
・理由づけ
説得成功

現実世界への応用⑤

上司を感心させる

仕事を終えて帰る準備をしていると、上司が近づいてきてあなたに言う。明日の朝11時にパワーポイントを使ってプレゼンテーションをしてもらいたいので、準備をしておいてほしいと。あなたは疲れきっていたが、それでもスライドを何枚か用意してから職場を出た。残りのスライドは翌朝、プレゼンの前に準備することにする。

夜、目覚まし時計を午前5時にセットし、早起きして作業を終えるつもりだった。しかし目覚ましが鳴らずに、目を覚ますと午前10時。びっくりして、急いで身支度を整えて職場に向かうが、遅刻して10時半に到着した。

きちんとしたプレゼンを準備しようと思ったら少なくとも2時間はかかるが、残された時間は30分しかない。あなたは、さりげなく上司の部屋へ行き、機嫌をうかがう。意外と機嫌はよさそうで、プレゼン準備の調子はどうかと尋ねられた。頭のなかはパニック状態だが、「完璧ですよ！」とあなたは自信満々に答える。

上司の機嫌を念頭に、あなたは自分の席に駆け戻ってプレゼンの準備を急ぐ。上司の機嫌はよかった。また、あなたはこの本を読んでいたので、上司がプレゼンの中身をさほど厳しく検討することはないだろう（つまりヒューリスティック処理をするだろう）と考えた。そうなると、スライドの見た目の美しさなど、内容とは関係のない要因が上司の印象に影響を与える。したがって、前日に準備したスライドの情報に、それを支える説得力のある論点を加えるのではなく、スライドの見た目をよくすることに集中することにした。20分で、スライドの色やレイアウト、全体的な外観を改善する。機嫌のいい上司が、見た目のいいプレゼンを見て、内容も同じくすばらしいと考えてもらえることを願ってのことだ。

時刻は10時50分。10分後には、上司の前でプレゼンをしなければならない。この10分で、すでにまとめている情報をいかにうまく明確に話すか、頭のなかで整理する。上司はヒューリスティック処理を使うので、はっきりと自信をもった態度で話すことができれば、論点に説得力があると思わせることができるはずだ。

10分が過ぎた。あなたは上司の部屋へ行き、プレゼンを行う。うれしいことに、すばらしい仕事だと褒めてもらえた。スライドのレイアウトもよかったと言われる。最後にあなたは、さらにこのテーマについて調べてより強力な証拠を備えたプレゼンも用意できると上司に告げる。上司はそうしてもらいたいと言い、あなたは上司の部屋を出て、ほっとため息をついた。

ステップ 6

モチベーションをさらに高める

Drive Their Momentum

リクエスト前	ステップ1	M	認識を形づくる
	ステップ2	E	行動と一致した態度を引き出す
	ステップ3	T	社会的プレッシャーを与える
	ステップ4	H	メッセージを定着させる
リクエスト中	ステップ5	O	メッセージをもっとも効果的に提示する
	ステップ6	**D**	**モチベーションをさらに高める**
リクエスト後	ステップ7	S	影響を持続させる

ステップ6のあらまし

「モチベーションをさらに高める」とは?

リクエストをして、それでおしまいではない。リクエストをしたあと、ターゲットがそれに応えてくれるようただ祈っているのではなく、相手のモチベーションを高めるために、心理的戦術をいくつか使ってみてはどうだろうか。

このステップに含まれる章では、ターゲットがリクエストに応えてくれるよう相手の背中を押すような、ふたつの強力なテクニックを紹介する。第一に、ターゲットに適切なインセンティブを与える方法を解説したい。これは意外とむずかしい。第二に、「制限」と「心理的リアクタンス」を利用して、さらなるプレッシャーをかける方法を説明する。このふたつの戦術を実行に移したら、ターゲットにリクエストを聞いてもらえるはずだ(仮にうまくいかなくても、最後のステップ7が手助けになる)。

12 適切なインセンティブを提供する

ぼくはめったにテレビを見ないのだが、ある夜、チャンネルを適当に変えていると、コメディドラマ『ビッグバン★セオリー』のあるエピソードが目にとまった。主人公のひとりで変わり者の天才シェルドンが、ペニーという女性の行動を変えさせようとしていた。言うことを聞いたときに犬にご褒美を与えるトレーナーのように、ペニーが何かいいこと（たとえば食後に皿洗いをする）をするたびに、チョコレートをあげていたのだ。

そのエピソードでは、シェルドンの「正の強化」（ある行動をしたあとに、報酬などが与えられることによって、その行動がさらに強化されること）はペニーの行動を変化させるのに成功していた。しかし実際の生活でも、ちょっとした報酬によって行動を変えさせることができるのだろうか。シェルドンの例は面白おかしく描かれているが、実際、そこに含まれている心理学原理、「オペラント条件づけ」（行動の結果生じた変化をふまえて、環境に応じた行動のしかたを学ぶこと）はきわめて強力だ。報酬とインセンティブは、適切に用いれば、相手の行動をこちらの意図する方向へ導くことができる。

では「適切な」インセンティブとは何だろうか。ここで説明するように、報酬を与えたり動機づけをしたりするためにインセンティブを使うときに、驚くべき間違いを犯している人がたくさんいる。本章では、こういったよくある間違いを避け、ターゲットをうまく動機づける方法を解説する。

報酬の力

1930年代、有名な行動心理学者B・F・スキナーの仕事から、すべては始まった。のちに「スキナー箱」として知られるようになる箱を開発したのだ。ラットやハトが望ましい行動を示したときに、自動的に報酬を与える箱だ。報酬を与えると、動物たちがそれに対応した行動を頻繁にとるようになることを確認したスキナーは、行動は結果に導かれるという「オペラント条件づけ」の理論を提示した。われわれは報酬によって「強化」される行動をとり、罰せられる行動を避ける傾向をもつというのだ（Skinner, 1938）。

強化にはどれほどの力があるのだろうか。ある夜、スキナーはいくつかのスキナー箱の設定を変え、あらかじめ決められた間隔でハトに報酬を与えるようにした。報酬は単純に時間だけを基準に与えられた（つまりハトの行動は関係なかった）にもかかわらず、ハトは、報酬を与えられる直前にやっていた行動と報酬とを結びつけた。スキナーが書いているように、この勘違いがおかしな行動を引き起こす。

あるハトは、かごのなかを時計と反対回りに回るよう条件づけられ、強化と強化のあいだに2、3周回るようになった。ほかのハトは、かごの上の角に頭を繰り返し押しつけるようになった。さらに別のハトは「頭を持ち上げる」反応を示すようになった。見えない棒の下に自分の頭を置き、棒を押し上げるような仕草を繰り返したのだ。頭と体を振り子のように動かすハトも2羽いた。頭部を前に突き出して、左右にすばやく動かしたのちに、ややゆっくりと再度同じ動きをした（Skinner, 1948）。

面白い行動だと思うかもしれないが、人間もハトとそれほど変わらない。実は、知らないうちに同じような行動をしている人も多いのだ。

なぜ迷信がこれほど強力なのか、不思議に思ったことはないだろうか。何かをするときに、縁起を担ぐ人が多いのはどうしてか。たとえば、バスケットボールでフリースローをする前に、縁起がいいからと毎回ぴったり3度ボールを弾ませたりする。こんなことをするのはおかしいのだろうか。いや、そんなことはない。単に、ハトを導いていたのと同じ力に導かれているだけだ。

フリースローの前の儀式が、最初にどのように現れたのかを考えれば、ハトと人間の行動が同じだということがわかる。ボールを3度弾ませたあとに、フリースローをたまたま決めたとする。はじめは冗談で、3度弾ませたからうまくいったのだと言い、次のときにも半分冗談で3度弾ませてみる。すると……シュッ、またもや成功だ。

これ以降は、さらに効果を信じるようになって頻繁に儀式を行うようになる。この時点で、儀式がフリースローを成功させるという期待をもつようになりだしている。これがプラシーボ効果を生じさせ、儀式を行ったときには、実際に頻繁にフリースローに成功するようになる。さらに重要なことに、儀式を信じる気持ちはそのまま定着する。フリースローに成功するたびに、信じる気持ちが強化されていくからだ。ハトが報酬を一定の行動を間違って結びつけて、おかしな行動をとったのと同じだ。儀式をより頻繁に行うようになったのは、フリースロー成功を儀式のおかげと勘違いしたからだ。人間はハトとそれほど変わらないことが、おわかりいただけただろう。

説得の戦術

適切なインセンティブを提供する

本章では、「なぜ報酬がそれほど強力なのか」の説明は省略する（理由は最終章で説明する）。本章の残りの部分では、インセンティブを使ってターゲットに報酬を与え動機づけをする現実的な応用法に集中したい。

まず、どんな種類のインセンティブでも説得力を高めることができる、と考えてはいないだろうか。これは間違いだ。あらゆるインセンティブがよい成果をもたらすという定説があるが、これが誤りだと証明する研究がたくさんある。このような勘違いが起きる理由は、おもに、インセンティブの違いから生まれるふたつの異なる動機づけによって説明できる。

- **内発的動機づけ**：真に個人的な欲求から生まれるモチベーション（面白いから、楽しいからという理由で取り組む）
- **外発的動機づけ**：外部からくる理由によって生まれるモチベーション（報酬を受けとるために取り組む）

通常は内発的動機づけのほうが効果的なので、ここではターゲットの内発的動機づけを引き出すインセンティブについて説明する。

インセンティブの大きさ

常識で考えると、インセンティブが小さいより大きいほうが効果がありそうだ。直感的にはたしかにそう思うだろう。しかし、それが必ずしも正しいわけではない。状況によっては、大きなインセンティブよりも小さなインセンティブのほうが効果があることが、広範囲にわたる研究で証明されている。

おそらく、大きなインセンティブが効果的でないもっとも直接的な理由は、不安を高めるからだろう。ある研究では、被験者は創造性と記憶力、運動スキルを測定するタスクに取り組んだが、大きなインセンティブを与えられると急に成績が落ちた。「プレッシャーで息が詰まった」からだ（Ariely et al., 2009）。

では、大きなインセンティブはすべてよくないのだろうか。まったくそんなことはない。不安を高めるほど大きすぎるのは逆効果だが、そうでなければ大きなインセンティブは高いモチベーションを引き出し、リクエストに応じてもらえる可能性を高められる。ウリ・ニーズィーとアルド・ルスティキニが行った実験の結果は驚くべきもので、学界の注目を集めた（Gneezy & Rustichini, 2000a）。実験では高校生を集めて、寄付を募りに民家を回らせた。高校生には、次の3つのインセンティブのうちどれかを与えた。

- 大きなインセンティブ：集めたお金の10％
- 小さなインセンティブ：集めたお金の1％
- インセンティブなし：寄付の意義を説く、おなじみのスピーチだけ

この3つのインセンティブのうち、どれがいちばん高校生のモチベーションを引き出すことができただろうか。集めたお金の額を基準に考えてみよう。

信じられないかもしれないが、インセンティブなしの高校生がいちばん多くのお金を集めた（平均239イスラエル・シュケル）。大きなインセンティブを与えられた高校生がわずかの差で2番（平均219シュケル）、最後が小さなインセンティブを与えられた高校生（平均はたったの154シュケル）だった。この驚くべき結果から、「十分に払うか、あるいはまったく払わないか」のどちらかにすべきとの結論が導き出された。

ここでちょっと考えてほしい。なぜインセンティブなしのときに、もっとも多くお金が集まったのだろうか。答えは、行動と一致した態度をとろうとする人間の性質に見出される（Harmon-Jones, 2000）。外部から大きな報酬を与えられて行動すると、それに合致した態度をとり、こんなふうに行動しているのは単に報酬のためだと考えるようになる。しかし報酬が少ないか無報酬だと、それに合致した態度をとって、自分自身の意思に従って行動していると考えるようになる（つまり内発的動機づけをもつようになる）。

５章で紹介した実験を思い出してほしい。退屈な実験であるにもかかわらず、学生に１ドル払って、別の被験者に楽しい実験だと嘘をつくよう求めると、協力的な態度を示した実験だ（Festinger & Carlsmith, 1959）。１ドルしか与えられないと、「不十分な正当化」によって、学生は行動の矛盾を解消しなければいけないとプレッシャーを感じる。そして、実験に対してほんとうに前向きな態度をとることで、この矛盾を解消する。社会心理学では、報酬が少ないほうが効果をあげることがあるという事実は、この「少ないほうが多くをもたらす」効果によって説明できる。人間は、矛盾した行動を解消するために、内発的動機づけをもっているときのような態度をとるようになるからだ（Leippe & Eisenstadt, 1994）。

この原理は、ぼくがこの本を書くときのモチベーションにも影響を与えた。書きはじめたとき、ぼくはまだコンサルタントの仕事を続けていた。数か月間、パートタイムで執筆したのちに、大きなリスクを冒して仕事を辞め、フルタイムで執筆に集中することにした。大学を出てそれほど経っていなかったので、貯金は最低限しかなかった。だから数か月間は、ひたすらこの本を書くことに没頭した。書きたかったからではない。生活費を稼ぐために本を出す必要があったからだ。内発的動機が外発的なものになるやいなや、この本の執筆作業は（以前はほんとうに楽しいことだったのに）、面倒でつまらないものになった。

ぼくの態度が後ろ向きになったのはモチベーションが変わったからだ。パートタイムで執筆しているときにも、かなりの時間を割いてはいたが、ほんとうに楽しくて書いているという態度をもつことで、それを正当化していた。しかし執筆のために仕事を辞めると、収入を得るために書く必要があることに変わった。非常に大きな外部からの報酬（要するに、生きていくためのお金）を目的とするようになったことで、それに合致した態度をとるようになった。つまり、この本を書くのは外在的な理由のためだけという態度だ。ようやく刊行にこぎつけることができてとてもうれしい。というのも、これでようやくほかの活動を再開して収入を得ることができるようになり、書くことへの前向きな気持ちも取り戻せるからだ。

では、ポイントは何か。インセンティブの大きさはどれくらいがいいのか。一度だけ何かをしてもらうよう説得するには、大きなインセンティブを与えるのがいちばんだ（ただ、息が詰まるほど大きすぎてはいけない）。しかし、長期的に態度や行動を変えるよう説得する場合には、インセンティブが大きいと逆効果になる。外発的動機づけを生じさせるからだ。たしかにあなたのリクエストに応じてはくれるかもしれないが、そのことにほんとうに好意的な態度をとってもらえる可能性は低くなる。ターゲットの態度を最大限、変化させたいと思えば、必要なのは「不十分な正当化」だ。インセンティブは小さいかゼロでなければならない。そうすることでターゲットは、リクエストに応じるのは外在的な報酬を受けとりたいからではなく、ほんとうにそうしたいからだと考えるようになる。

インセンティブの形態

考えるべきふたつ目の要因は、インセンティブの形態（たとえば金銭的なインセンティブなど）だ。なぜならば、ある種のインセンティブは、特定のタイプのモチベーションへとつながるからだ。ここでは、もっともよく見られるインセンティブのふたつの形態について説明する。「金銭的インセンティブ」と「社会的インセンティブ」だ。

金銭的インセンティブ

金銭的インセンティブは、外発的動機づけには効果的だが、内在的動機を引き出すのにはまったく適していない。これは、われわれが金銭的インセンティブを否定的に見ているからでもある。

インセンティブは、その性質によって、状況を社会的なものから金銭的なものへと変えることがある。……魅力的な人に出会い、やがてその人にこんなふうに言う。「大好きなので、あなたとセックスしたいです」。しかし、同じ状況でこんなことを言ったらどうだろうか。「大好きなので、あなたとセックスしたいです、20ドル払ってもいいですよ！」。ふたつ目のパターンで相手が喜ぶと考えるのは、ある種の経済学者だけだろう（Gneezy, Meier, & Rey-Biel, 2011, p. 11）。

金銭的インセンティブ（とくに現金のインセンティブ）が、とてつもなく否定的な意味をもっていることは間違いない。

これはきわめて重要だ。ダン・アリエリーが『予想どおりに不合理』で説明するように、人間関係を社会的関係から市場関係に変えてしまうことがないよう、注意しなければならない（Ariely, 2009）。あなたが新しい部屋に引っ越すと聞いて、友だちがふたり手伝いにきてくれた。感謝の気持ちを示すために、それぞれにお礼を渡すことにする。ひとりにはワインを一本（社会的インセンティブ）、もうひとりには現金50ドル（金銭的インセンティブ）。

さて、2週間早送りしよう。新しい部屋で、水道管が破裂した。水浸しになった地下室を掃除するのに手助けが必要だ。どちらの友人のほうが手伝ってくれる可能性が高いだろう。おわかりだと思う。ワインをもらった人は社会的関係を維持しなければと強く感じるが、現金を受けとった人は、社会的関係が市場関係に転換しているので、また現金の報酬を期待する可能性が高い。

健全な社会的関係を保つには友だちに現金を与えるべきではない。感謝したりお礼をしたりするときには贈り物をするといい。ダン・アリエリーが言うように、「プレゼントは経済効率が悪いものの、社会の潤滑油として重要だ。友人をつくったり〔……〕長くつづく関係を築いたりする助けになる。お金は、ときには無駄づかいする価値がじゅうぶんにあるのだ」（Ariely, 2009）。

罰金を使って行動を抑えようとしても、同じ結果が生じる。託児所の子どもを迎えにくる時間に遅れた親に少額の罰金を科す実験を行うと、遅刻はかえって増えた。なぜか。罰金を科すことで、時間どおりに子どもを迎えにいくという親の社会的責任が、市場価格に転換されたからだ。迎えにいくのが遅くなっても罪悪感を覚えなくなった。罰金さえ払えば遅れてもいいと感じるようになったからだ。

社会的インセンティブ

内発的動機づけをするには、社会的報酬（たとえば贈り物をしたり、褒めたり、好意的な反応を示したりすること）のほうが、金銭的インセンティブよりも効果的だ。お金にまつわる否定的なイメージを避けることができるからだ。セックスのために20ドル払おうとすると、思い切りいやな顔をされるだろうが、「20ドル分の花を渡せば、求めている相手を喜ばせることができるかもしれない」（Gneezy, Meier, & Rey-Biel, 2011）。

社会的インセンティブが強力なのは、金銭的インセンティブに比べ目に見えにくいからだ。『ビッグバン★セオリー』のことを覚えているだろうか。シェルドンは、ペニーの行動を変えさせようと、ペニーが望ましい行動をするたびにチョコレートを与えていた。もし報酬が現金だったら、シェルドンの邪《よこしま》な真意は見え見えになる。チョコレートが、シェルドンのほんとうの意図を隠すのに一役買ったのだ。

チョコレートよりもさらにばれにくいのが、言葉で褒めたり好意的な反応を示したりすることで与える社会的インセンティブだ。これを検証しようと、ハーバードの研究者ふたりが、よくできた実験を行っている。その実験では、学生に電話をかけて、ハーバードの教育システムについて意見を聞いた。学生が肯定的なことを言うたびに、実験者は電話口で「そうですね」と発言を肯定する返事をした。対照群と比べると、口頭で肯定された学生は、電話を切る頃には大学の教育システムについてはるかに肯定的な態度をとるようになっていた（Hildum & Brown, 1956）。口頭での返事といった些細な報酬ですら、無意識のうちに相手の態度をこちらの望む方向へ導くのに役立つということだ。

インセンティブのとらえ方

インセンティブの大きさと形態は重要だが、3つ目のさらに重要な要素がある。ターゲットがインセンティブをどうとらえているかだ。

インセンティブがあるだけで、否定的に受けとめられることもある。たとえば、インセンティブを与えることで、自分にはタスクを終える力がないと疑われているのではないかとか、自分の行動をコントロールしようとしているのではないかといった印象を与えることがある。こういう場合には、インセンティブは成果に対してマイナスの影響を与える（Falk & Kosfeld, 2006）。

実際、このふたつの例（「能力不足」と「自律性の欠如」）は、インセンティブが内発的動機づけを引き出すのか、あるいは外発的動機づけ引き出すのかを決めるものとして、よく言及される（Deci & Ryan, 1980）。ここではこのふたつのとらえ方をより詳しく解説し、どうやってこの問題を乗りこえればいいのかを説明する。

能　力

ターゲットの能力を疑っているという印象をもたせることなく、インセンティブを与えるにはどうすればいいか。おそらく、いちばんの解決策は、インセンティブの「随伴性」にある。おおむね、インセンティブにはふたつのタイプがある。

- **努力の随伴性**：ある活動を行うことに対して与えられるインセンティブ（たとえば、試験勉強をした子どもに親が与える報酬）
- **成果の随伴性**：成果が一定レベルに達したときにのみ与えられるインセンティブ（たとえば、テストでいい点をとった子どもに親が与える報酬）

研究によると、「努力の随伴性」はたいした成果につながらない。ターゲットの能力を低く評価することになるからだ。一方、「成果の随伴性」は高い成果をもたらす。能力を発揮するよう背中を押すからだ（Houlfort et al., 2002）。

自律性

インセンティブによってあなたにコントロールされている、そう感じると、ターゲットは外発的動機をもつようになる（仮に動機をもつのであればの話しだ）。「べき」というような単純なフレーズ（たとえば、「あなたは～のために～をすべき」）でも、コントロールされているという感覚を呼び起こし、成果を悪くさせる（Ryan, 1982）。

ターゲットの自律性を損なうことなくインセンティブを与えるには、「べき」という言葉を避けるほかに、どんな方法があるのだろうか。いくつかの選択肢のなかから、ターゲットにインセンティブを選ばせるのも、効果的で賢いやり方だ。たとえば、たいていの企業は、営業担当者に対してあらかじめ決まった割合の成果報酬を金銭で与える。しかし、営業担当者自身に成果報酬の種類（金銭、休暇、ギフト券など）を決めさせるといいかもしれない。

報酬やインセンティブを自分で選べるようにすると、どのような状況下でも、大きな利点が3つある。

- 第一に、どのインセンティブがターゲットの動機をいちばん引き出すのか、予想する必要がなくなる。複数のインセンティブからターゲットに選択させることで、ターゲット自身にとっていちばん魅力的なインセンティブを選んでもらえる（たとえば、金銭的な成功報酬を好む人もいれば、休暇を好む人もいる）。
- 第二に、ターゲットに選ばせることによって、自律性を求める相手の気持ちを満たすことができる。その結果、内発的動機を引き出すことができ、仕事への満足度も成績も高まる。

▼第三に、選択という行動をすることによって、それと一致した態度をとるようになり、ほんとうにそのインセンティブを求めるようになる。インセンティブを獲得するために頑張らないと、この新しい態度と矛盾するので、一生懸命働くためのモチベーションが生まれる（たとえば、営業担当者が報酬として休暇をもらうことを選択すると、これを選択したことによって休暇を大切に思う気持ちが強化され、このインセンティブを獲得するために一生懸命働こうと動機づけられる）。

このアドバイスを軽く受けとめないでほしい。ターゲットに選択させるこの戦術は、学会およびビジネス界の専門家たちにはかなり軽んじられているが、もったいない話だ。ここには、説得力を生みだす心理学的メカニズムが含まれているからだ。

ここでは営業担当者の成果報酬に応用したが、ほかにも応用できる場面は無数にある。最近の研究では、選択させることによって、宿題をやるよう学生を動機づけられることも証明されている。宿題は、内発的動機をもつことがほとんどない作業である。宿題が内発的動機づけを生みださなかったのは、自律性を高めないからだ。学生は、宿題をやるよう要求されていると感じる（実際そのとおりだ）。宿題をやるかやらないかも選択制にすべきだと極端なことを言う人もいるが、もっと効果的な戦術がある。宿題となるものをいくつか提示し、そのなかから自分がやりたいものを選ばせるのだ。

宿題を選ばせることで、とても大きな違いが起きることに驚かされる。最近の研究では、高校生に宿題の選択肢を与えることで、次のような効果が得られた（Patall, Cooper, & Wynn, 2010）。

- 宿題への関心と、宿題をやる楽しさが高くなった。
- 内容に対する自信と能力が高くなった。
- 宿題をやり終える人の割合が高くなった。
- 宿題に関係する科目の試験の成績が上がった。

ターゲットから最大のやる気を引き出そうと思ったら、「有能感」と「自由」を感じさせることで、内発的動機をもたせる必要がある。そのためには、よく考えてインセンティブを用意し、相手にインセンティブあるいはリクエストを選んでもらうといい。

次の章で説明するように、自由の感覚には大きな力があるので、ほかにも説得に応用できる。これを活用してさらにターゲットのやる気を引き出す戦術を、ほかにもいくつか紹介したい。

13 制限することで動機づけする

この章は読まないでもらいたい。飛ばしてすぐに次の章へいき、ぜったいにこの章には戻ってこないこと。

何をしているのだ。この章は飛ばして次の章を読むようにわざわざ注意したのに、なぜまだここを読んでいるのか。あなたのモチベーションの背後にある、心理的な力は何なのか。まさにいま、あなたの行動を導いている力がふたつある。

①あなたが読み進めるのを止めようとしたら、あなたの好奇心が強くなった。

②あなたの自律性と自由を制限したら、あなたはその制限にあらがって積極的に闘う気持ちに

なった。

本章では、ふたつ目の理由を使って説得力を高める方法を説明する。具体的には、なぜ相手の自由を制限することが強力な動機づけとなるのかを説明し、そのことを用いてターゲットのモチベーションをさらに高める巧みな戦術を紹介したい。

制限の力

家族と夕食をとっていると、それはいきなり現れた。目の前にあるのは、これまでにあなたが目にしたもののなかでいちばんうっとりするものだ。最高だ。偉大だ。美しくすらある。最後の一切れとなったピザのことだ。

心のどこかでは、なぜいきなりこの一切れがそれほど価値あるものになったのかと、不思議に思う気持ちもある。しかしそんな気持ちはすぐに脇に追いやられ、ただ「それを手に入れなければ」という気持ちでいっぱいになる。自分の動機が何なのかなど、考えている暇はない。心配しなければいけないことは別にある。たとえば、テーブルについている飢えたライバルたちのこと。

だからといって、あせっている姿は見せられない。よく計画を練ってから、手を伸ばさなければ。さりげなくいま手にしている一切れを食べるスピードを速めて、こっそり姉のほうに目をやる。いちばんの脅威と思われる人物だ。周辺視野には（このような切迫した状況では必要とされる視野だ）、姉の目が最後の一切れに向けられているのが見える。ヤバい。すばやく行動しなければ。

いま食べているものをさっさと平らげようとするが、手遅れだ。スローモーションのように、姉の手がテーブルの中央に向かって伸びていき、最後の一切れをとって、自分のお皿にのせた。ああ、あなたの負けだ。

まあ仕方がない。もう4切れも食べたし、どっちにしろお腹もいっぱいだ、そう思ってあきらめる。

なぜ制限はそれほど強力なのか

では、なぜそのピザは、最後の一切れになったとたんに貴重になったのか。さらに言うなら、箱入りのチョコレートであれ、瓶に入ったビスケットであれ、どんな食べものでも、最後のひとつになると貴重に感じられるのはどうしてか。ここではこの現象の背後にある「心理的リアクタンス」、「損失回避」、「商品理論」の3つの原理を説明する。

心理的リアクタンス

このピザの現象が起きるのはなぜか。章の冒頭で挙げた例、この章を飛ばしてすぐに次の章へいくように言われた例とピザの例とが似ていることに注目すれば、その背後にある理由を理解しやすくなる。

どちらの場合も、あなたの自由が制限された。冒頭の例では、この章を読む自由が制限され、ふたつ目の例ではピザを食べる自由が制限された。結果として同じことが起きる。それが何かわかるだろうか。自由が制限されると、われわれは必ずそれに反発（react）する。これは「心理的リアクタンス」と呼ばれている（Brehm, 1966）。自由が制限されていると感じると、その自由を維持したり回復したりしようとする自然の衝動を感じるのだ。

親からある人とデートするなと言われると、その人といっそうデートしたくなる。なぜかと不思議に思ったことはないだろうか。親が自分の行動をコントロールしていると思うと、心理的リアクタンスによってこんなふうに反発したくなるからだ。「指図しようとしても無駄だから！　自分のことは自分で決められるよ！」。実際、リアクタンスによって、ティーンエイジャーはなぜ、自分を管理しようとする親といつも闘うのかを説明できる。また、暴力的なテレビ番組に表示される警告表示によって、実際には視聴者が増える理由も説明できる（Bushman & Stack, 1996）。

この本で紹介した原理はほとんどそうだが、心理的リアクタンスもきわめて強力であり、無意識のレベルで影響を及ぼす。このことを理解するために、うまく考えられた実験の参加者の立場に身を置いてみてもらいたい（Chartrand, Dalton, & Fitzsimons, 2007）。あなたの周りにいる、非常に管理的だと思う人たちを思い浮かべてほしい。次に、その管理的な人たちのなかから、あなたに努力をさせようとする人をひとりと、あなたに楽しく過ごさせようとする人をひとり選んでもらいたい。

実験者は、この情報を被験者の学生から密かに探り出した。そして被験者に、気づかれないようにこの人たちの名前を見せたあと、知的作業をさせてその成果を調べた。すると驚くべきことに、意識上では名前を目にしたことに気づいていないにもかかわらず、被験者たちは心理的リアクタンスを示したのだ。努力させようとする人の名前を見せられてプライミングされた人は、知的作業の成果が非常に悪かった。一方、楽しく過ごさせようとする人の名前をプライミングされた人は成績がはるかによかった。心理的リアクタンスはきわめて強力なので、われわれが意識していないところでも自動的に作用する。

損失回避

こんなことをお願いするのはいやなのだが、いますぐ人の生死にかかわる決断をしてもらいたい。伝染病が広がっていて、６００人が死亡する可能性がある。次のふたつの予防策のうち、どちらかを選ばなければならない。

▼プログラムＡ：２００人が助かる

▼プログラムB：33％の確率で600人全員が助かるが、67％の確率でだれも助からない

このふたつの仮想の選択肢を提示されると、たいていの人はプログラムAを選ぶ。200人を救えるのは有望だと感じられるからだ（人命で賭けをするのはリスクが高過ぎるように感じられるのだ）。

ここでプログラムを少しだけ変えてみよう。プログラムAとBのことは忘れてもらいたい。読んだことも忘れてほしい。かわりに、次のふたつの選択肢から選ぶとなるとどうだろうか。

▼プログラムC：400人が死亡する
▼プログラムD：33％の確率でだれも死なないが、67％の確率で600人が死亡する

どちらの選択肢を選ぶだろうか。ほとんどの人と同じように、おそらくあなたもプログラムDを選ばざるを得ないと感じたのではないか。実験では、ほとんどの人がDを選択した（Tversky & Kahneman, 1981）。

ただ、これらのプログラムには興味深いことがある。あとのふたつのプログラムは、はじめのふたつとまったく同じということに、お気づきだろうか。プログラムAはプログラムCと同じで、プログラムBはプログラムDと同じだ。違うのは書き方と、命を救うほうと失うほうのどちらを

強調しているかということだけだ。

まったく同じプログラムなのに、あとのふたつの選択肢を提示されると結果が反対になるのはどうしてだろうか。答えはこうだ。損失を避けようとするプレッシャーが、プラスのことを獲得しようとするプレッシャーを上回るからだ（Tversky & Kahneman, 1981）。

われわれはみな、損失を避けようとする本能的な衝動をもっている。そこには機会の損失も含まれる。ピザがあとひと切れしか残っていないと、機会を失う前にその最後のひと切れを自分のものにしなければというプレッシャーが高まる。自由のレンズを通してピザを見る場合（心理的リアクタンスなど）とは違って、「損失回避」は、機会損失との関係でピザを見る。考えとしては似ているが、心理的リアクタンスとは異なるものだ。

商品理論

最後のひと切れのピザをほしがらせるのには、３つ目の要因がある。「商品理論」だ（Brock, 1968）。この理論によると、人がものに高い価値を見いだすのは、それが豊富にあるときではなく、限られていて手に入らないときだ。

ある研究グループが、ピザと同じ考えをチョコチップ・クッキーにあてはめて、実験を行った。クッキーが2枚入った瓶を渡された人は、10枚入った瓶を渡された人よりクッキーの味を高く評価した（Worchel, Lee, & Adewole, 1975）。最後のピザをとらなければと思うだけでなく、この原理によると最後のピザはよりおいしくも感じられるのかもしれない。

商品理論は非常に強力で、食べもの以外にも当てはまる。バーにいる男性が、夜がふけるにつれてそこにいる女性を魅力的に感じるようになる理由も、ただ酔っ払っているからというだけでなく、「商品理論」から説明できる（Madey et al., 1996）。夜になったばかりのころは、デート相手を見つける可能性はたくさんある。しかし夜がふけるにつれて、可能性は徐々に減っていく。夜の終わりが近づいてくると、さらに可能性は限られてくるので、残っている女性が魅力的に感じられるのだ。

説得の戦術

制限によって動機づけする

ここまでをまとめると、制限によって相手の認識と行動に影響を及ぼすには、３つのやり方がある。

①われわれは自由が制限されていると感じると、自由を取り戻すために心理的リアクタンスをしなければと感じる（たとえば、ピザを食べる自由が制限されると、ピザを食べることで自由を取り戻そうとする）。

②われわれは、心理的に損失を避けるようになっている。機会が制限されると、機会を失うのを避けるためにそれをつかまなければとのプレッシャーを感じる（たとえば、ピザを食べられる機会が小さくなると最後の一枚をとらなければと感じる）。

③何かが限られていたり、稀少だったり、手に入らなかったりすると、われわれはそれにより高い価値を見いだす（ピザがあとひと切れしか残っていないと、価値が高くなる）。

心理的リアクタンスと損失回避、商品理論は、いずれも「制限」が人間に及ぼす力がきわめて強力であることを説明する。こういった原理を理解してもらえたところで、次に、これらを使ってターゲットをさらに動機づけする方法を説明する。

相手の選択肢を制限する

前章で、ターゲットにインセンティブを選ばせることで、内発的動機を高められると説明した。ターゲットの自由度を大きくするからだ。前章では選択肢があるのはいいことだと説明したが、選択肢が多過ぎてもマイナスになることがある。バリー・シュワルツの本で広く知られるようになった「選択のパラドックス」が、ふたつの否定的な結果をもたらすからだ（Schwartz, 2004）。①決定に対する満足度が下がる、あるいは②そもそも選ぶのを避けるようになるのである。

次の2セットの選択肢を見てみよう。

▼セット1：選択肢A、選択肢B、選択肢C
▼セット2：選択肢A、選択肢B、選択肢C、選択肢D、選択肢E、選択肢F、選択肢G、選択肢H、選択肢I、選択肢J

選択肢は何でもいい（たとえば、ショップで売っているジーンズのブランドや、不動産屋が客に見せる物件など）。例としてわかりやすくするために、それぞれのセットは、投資会社が客に提示する投資信託の商品だとしよう。見てのとおり、片方の投資会社は、限られた数の選択肢を提供している（セット1）。一方、もう一社は大量の選択肢を用意している（セット2）。本節の残りの部分では、この例を用いて、選択肢が多過ぎるときに引き起こされるふたつの否定的な結果について説明する。

結果①決定に対する満足度の低下

選択肢を提供し過ぎると、最終決定の満足度が下がる。これには、おもにふたつの理由がある。第一に、選択肢の数を増やすと、最終的に選ぶ選択肢の質への期待が高まる。選択肢が一定数をこえると、高まった期待が極端なアンカーとなり、対比効果を生んで、最終的に選んだ選択肢が平均以下だと感じられる（Diehl & Lamberton, 2008）。

第二の理由は、損失回避から生じる。次のふたつの賭けを見てみよう。

①90％の確率で10ドル当たるが、10％の確率で何ももらえない。
②90％の確率で１００万ドル当たるが、10％の確率で何ももらえない。

どちらの状況でも損失は同じだ。何ももらえない。損失はまったく同じなのだから、理性的な人間ならだれでも損失が生じればどちらの状況でもまったく同じように感じるはずだ。しかし、ふたつの状況では、損失によって明らかにまったく違う感情が呼び起こされるはずだ。10ドルのほうだとすぐに忘れてしまうだろうが、１００万ドルのほうだと狂おしいほど悔しいだろう。

これは、選択肢を示すこととどう関係しているのだろうか。まず念頭に置いてほしいのは、どんな選択肢でもほかの選択肢にはない独自の長所と短所が自然と備わっているということだ。信託投資の例では、ある信託投資商品はほかの信託投資商品にはないメリットがあり、その逆もまたしかりということになる。こういったトレードオフは避けられないので、どれかひとつ選択肢を選ぶと、自然とほかの信託投資商品にしかないメリットを逃すことになる。決定を下す際には、ほかの商品にしかないメリットを失うことになる、これに気づくと不満が生じる。

１００万ドルを失ったらとても悔しいのに、10ドルを失ってもすぐに忘れてしまうことを思い出してほしい。ここにもその原理が当てはまる。選択肢をたくさん示されると損失が大きく感じられるのは、受けとることのできる可能性のあった利益を多く失う気がするからだ。セット1の信託投資商品のなかからオプションAを選ぶと、失うのはオプションBとCの利益だけだ。しかしセット2からオプションAを選ぶと、残り9つの選択肢にある利益をすべて失うことになる。同じ選択肢を選んでも、セット2の場合には失う利益が多く感じられるので、決定に満足できなくなるのだ。

要するに、この状況は認知的不協和を引き起こす。ほかの選択肢が提供する魅力的なメリットを目にしておきながら、選択肢をひとつだけ選ぶことで、これらのメリットを自分からあきらめることになる。この矛盾が、決定への心地悪さと不満につながる。

われわれは消費者として、「購入後の不協和」（より具体的な認知的不協和の形態で消費者としてものを買ったときに生じる不協和）をさまざまな方法で解消している。たとえば、何かを買ったあとに、その商品にしかない特徴により大きな重要性を見出したりする（Gawronski, Bodenhausen, & Becker, 2007）。たいていは、この心地の悪さは何らかの方法で解消されるので、選択肢が多過ぎることから不満が生じても、そこまで大きな問題にはならない。より大きな問題は、選択のパラドックスから生じるふたつめの否定的結果にある。「決定麻痺」だ。

結果②決定麻痺

選択肢をたくさん示すことによって、相手が決定することを完全に止めてしまうことがある。それには、おもにふたつの理由がある。

第一の理由は、損失回避の延長線上にある。多数の選択肢に直面すると、ひとつだけを選ぶことによって生じる損失のことを考え、決定を先延ばししてその損失を避けようとする。

第二の理由は、「情報オーバーロード」として知られている。多くの選択肢を示すと、ターゲットは、しっかり決断を下すために各選択肢をよく検討しなければならないという「認知的緊張」を感じる。それによって、決断を下すモチベーションが大幅に下がることがあるのだ。とりわけ決断が複雑で重要なときには、この傾向が顕著になる。

あなたの雇用主が、４０１ｋ（確定拠出個人年金）のいろいろなプランをずらっとリストにして見せてきたことはないだろうか。もしあったら、困って決断を先延ばしにしたのではないか。あなたひとりではない。ある研究によると、プランの選択肢が増えれば増えるほど、４０１ｋプランへの加入率は下がるという（Iyengar, Jiang, & Huberman, 2004）。

解決策

選択肢をたくさん示さないようにアドバイスしていると思われるかもしれないが、そうではない。選択肢が多いのは一般的にはいいことだ。前章で説明したように、より多くの選択肢を示すことで、個人の自由をより大きく感じさせられる（決定に対する満足感が下がるとはいえ）。

ここまで、ぼくはずっと選択肢のことを批判してきた。それなのに、ここでは選択肢が多いのはいいことだと言っている。それはなぜか。矛盾したアドバイスだと思われるかもしれないが、いちばんいい戦術は選択肢の数を変えることではない。選択肢の数についての印象を変えるのだ。例を挙げよう。次の数字の並びを覚えてもらいたい。

7813143425

覚えられないこともないが、むずかしいだろう。しかし、「チャンキング」と呼ばれる記憶術を使って数字をかたまりに分けると、はるかに覚えやすくなる。

781-314-3425

そう、おわかりだろう。アメリカ合衆国の標準的な電話番号だ。数字をグループに分けると驚くほど簡単に覚えられるようになる。

人間の作業記憶は、一度に5つから9つまで情報を覚えることができる。「かたまり」はひとつの情報としてとらえられるので、数字の並びはグループに分けるとはるかに記憶しやすくなる(Miller, 1956)。

この考え方を説得に応用すると、選択のパラドックスから生じるふたつの否定的な結果を避けられる。要するに、選択肢をグループ化すればいい（Mogilner, Rudnick, & Iyengar, 2008）。選択肢をカテゴリー分けしてグループにすると、ほかの選択肢を選べないことから生じる損失感を最低限に抑えることができるだけでなく、情報オーバーロードを軽減することもできる。

たくさんの投資信託商品が含まれたセット2を覚えているだろうか。もともとあった10の選択肢を3つのリスク・カテゴリーに分けてみるとどうだろう。

- 低リスク：選択肢A、選択肢B、選択肢C
- 中リスク：選択肢D、選択肢E、選択肢F、選択肢G
- 高リスク：選択肢H、選択肢I、選択肢J

電話番号をかたまりに分けることで情報オーバーロードが軽減されたのと同じように、投資信託商品を3つのリスク・カテゴリーに整理することで認知的緊張を抑えることができる。選択肢をグループ化してまとめたからだ。選択肢の数自体は変わっていないものの、10の選択肢として見るのではなく、基本的には3つの選択肢として見るようになる。カテゴリーの見出しをつけることで、その見出しがまったく適当なものであっても、選択肢のリストがより魅力的に感じられるようになることが研究で確認されている（「単純カテゴリー化効果」と呼ばれる原理だ〔Mogilner, Rudnick, & Iyengar, 2008〕）。

選択肢の数を制限するだけが「決定麻痺」を防ぐ方法ではない。次の戦術では、制限を利用してターゲットの動機を高めるほかの方法を説明する。

先送りを防ぐ

決定麻痺は、強力ではあるものの避けることができる。ここでは、制限を使ってターゲットにできるだけ早く決定させる方法をふたつ紹介する。

時間を制限する

第一のテクニックは、リクエストに応じてもらうまでの時間を制限するというものだ。締め切りを設けることで簡単にできる。

Q. お願いしたことを、なかなかやってもらえない日は？

A. 明日。

明日という日には、どこか魔法のようなところがある。決してやってこないように思われるのだ。何日経っても、明日はずっと未来の同じ距離のところに留まっている。やはり魔術的だ。締め切りを設けることによって、ようやくこの黒魔術に終止符を打ち、「明日」を現在へ近づけることができる。適当に決めた締め切りでも、思いつきで決めた締め切りでもかまわない。時間のプレッシャーがあることで、先延ばしを防ぐことができる。

ある夜、あなたはとても疲れていて、パートナー（生まれながらの先延ばし魔）を説得してお皿を洗ってもらいたいと思っている。やってもらえるチャンスを大幅に高めるには、具体的な締め切りを設定するといい（たとえば、今晩午後8時までなど）。この締め切りが適当なものでも、ここからカウントダウンが始まるので、ターゲットが先延ばしにするのを防ぐのに役立つ。

締め切りが非常に効果的なのは、得られるかもしれない機会を制限するからでもある。つまり締め切りが過ぎたら、ターゲットはその機会をあきらめなければならないのだ。もちろん、皿洗いは人生に一度の機会とは言えない。しかし、締め切りを設定することで、あなたのメッセージの魅力が増す状況はいろいろある（たとえば、クーポンや割引に締め切りを設けるなど）。

手に入りやすさを制限する

あなたは、酒屋の棚と棚のあいだを歩いて、白ワインを探している。ワイン売り場にたどり着くと、ふたつの銘柄が残っていた。いずれも同じ値段だ。ワインのことが何もわからないので、どちらの銘柄がいいのか見当がつかない。こういった状況では、あなたはどうするだろうか。研究によると、棚に残っているボトルの数が少ないほうを選ぶ可能性が高い（Parker & Lehmann, 2011）。

われわれは、より手に入りにくいものに飛びつく可能性が高い。それには、ふたつの理由がある。①機会を失う前に、早く行動しなければならないと思うから（損失回避）。②商品が少ないと、人気があるに違いないと考えるから（商品理論と、社会的プレッシャーの間接的影響）。

この考え方は商品を売るときにしか使えないと思うかもしれないが、応用できる場面はたくさんある。求人に応募するときにも役に立つ。ほかも検討していると告げた応募者（つまりより手に入りにくいと思われる応募者）は、ほかの求人を検討していると告げなかった応募者よりも好意的に評価された（Williams et al., 1993）。商品理論のとおり、面接官は意識的あるいは無意識に手に入りやすさをヒューリスティックとして応募者の素質を判断する。応募者がほかの仕事も検討していて手に入りにくそうだと、その人はよりよい素質をもっているに違いないと考えるのだ。

マジシャンの視点

観客の注意をそらす

長年にわたってマジシャンとして舞台に立ってきたぼくは、自信をもって言える。ステージ・マジックのもっとも根源にある原理のひとつは相手の注意をそらすこと。つまり観客の注意をコントロールして、裏で起きている「マジック」を見せないようにすることだ。

これが基本的な定義ではあるが、注意をそらすということの解釈はマジシャンによって違う。素人は、注意をそらすのは観客の注意を秘密（たとえば手先のごまかし）から離れさせることだと言うが、プロは、注意をそらすのは観客の注意を何かほかのものに向かわせることだと考える。

このふたつの解釈は同じではないのか。ぼくもずっとそう考えていたが、制限の重要性に気づきだしてから、考えが変わった。気がついただろうか。素人は、見られたくないところに観客が注意を向けないよう制限しようとする。一方で、プロは観客の注意を何かほかのものへ向けさせる。この章で説明したとおり、われわれは自由が制限されると、その制限に抵抗しようとする自然の衝動を必ず感じる。したがって、観客の注意を制限しようとする素人は意図せずしてより注意を引いてしまうのだ。

マジシャンが、コインを消すパフォーマンスをしているとしよう。トリックのポイントは、コインを左手にもっているように見せかけることだ（実際には、コインは右手にもっている）。素人のマジシャンは、右手に注意が集まらないように制限しようと集中するので、その行動がさらに注意を引く。まず、マジシャンの周辺視野は右手に注がれているので、観客の注意もそちらにひきつけられる。加えて、観客の視線を遮ろうと一生懸命で手の動きがぎこちなくなり、その不自然さからさらに手に注目が集まる。

この素人をプロと比べてみよう。プロは、観客の注意を左手に向けさせる。マジシャンが、コインがあると見せかけたい左手にだけ集中していると、観客もまたマジシャンの左手にすべての集中力を向ける。右手（コインを隠しもっているほうの手）を左手から離すのではなく、プロは左手を右手から離す。この動きが左手に注目している観客の注意をとらえ、観客の意識は必然的にマジシャンの右手からそらされる。結果、マジシャンがゆっくりと左手を開くとコインは消えていて、観客は奇跡が起きたように感じるのだ。このように、マジックにおいても、制限の効果について理解していると、奇跡的瞬間を演出するのに役に立つ。

現実世界への応用❻

オンラインでTシャツを販売する

あなたが、Tシャツをeコマースのウェブサイトで売るとする。あなたの会社は、いろいろな種類、色、デザインのありとあらゆるTシャツをデザインできる。それらを組み合わせたTシャツの写真をひとつひとつウェブサイトに載せるより、Tシャツの分類に沿って3段階のプロセスで訪問者を導いたほうがいい。

第一段階では、買いたいTシャツの種類を選んでもらう。半袖か長袖かなどだ。次に、色を選ばせる。そして第三段階がデザインだ。絵がプリントされたTシャツか運動用かなどだ。

この3つを選んだあとに、条件に合ったTシャツのリストが表示される。この選択肢は価格帯によってグループ分けしてもいい。この一連のプロセスには多くの利点がある。

➤第一に、最終的な選択肢を大幅に絞り込むことができるので、ほかのTシャツを選べないことから生じる損失感を軽減できる。

➤第二に、訪問者はカテゴリーから選ぶことになる（種類、色、デザイン、価格帯など）。

カテゴリーが存在するだけで多様性があると感じられ、顧客満足度が上がることが研究で確認されている（Mogilner, Rudnick, & Iyengar, 2008）。

- 第三に、訪問者は、すべての組み合わせからひとつを選ぶのではなく、ある程度の数の選択肢のなかで、いくつかの選択を行う（半袖にするか長袖にするかなど）。これによって、それぞれのカテゴリーのなかの選択肢は検討できる範囲の数になり、情報オーバーロードを抑えられる。
- 第四に、訪問者は数多くの選択を行うので、自律性を感じることができ、自分で自分の行動をコントロールしているという感覚をもつことができる。
- 第五に、ひとつひとつ選択を重ねていくことで、この行動に合致した態度、つまりTシャツを買いたいという態度をとるようになる。一度この態度をとると、それに矛盾しないように行動しようとする動機が働く。つまりTシャツを買おうとするということだ。ただ単に選択肢のリストを提示するだけだと、訪問者はそこまでTシャツを買う気にはならない。ただウェブサイトを訪れたということのほかには、Tシャツを買う気があるときの行為や行動を何もしていないからだ。

ステップ 7

影響を持続させる

Sustain Their Compliance

リクエスト前	ステップ1	M	認識を形づくる
	ステップ2	E	行動と一致した態度を引き出す
	ステップ3	T	社会的プレッシャーを与える
	ステップ4	H	メッセージを定着させる
リクエスト中	ステップ5	O	メッセージをもっとも効果的に提示する
	ステップ6	D	モチベーションをさらに高める
リクエスト後	**ステップ7**	**S**	**影響を持続させる**

ステップ7のあらまし

「影響を持続させる」とは？

さて、結果はどうだったか。ターゲットはあなたのリクエストに応じてくれただろうか。ターゲットが応じてくれていてもいなくても、このステップ7で示す戦術を使ってみるといい。このステップの目的はふたつある。

①ここで示す戦術を使うことで、こちらに応じてくれているターゲットの状態を持続させることができる。あるいは、
②応じてもらえていなければ、引き続きここで示す戦術を使ってみることができる。

ターゲットが応じてくれたとしても、その状態を持続させる必要があることも多い。長期的な行動の変化を相手に求めるような場合は、とくにそうだ（たとえば、パートナーに健康的な食生活を送らせたいときなど）。まだリクエストに応じてもらえていなくても、気をもむ必要はない。このステップで示す戦術を使って、引き続き長期的なプレッシャーを与えていけば、最終的にはギブアップしてあなたのリクエストに応じるようになる。あなたのリクエストに厳密な期限がないのなら、説得のプロセスに終わりはない。

14 好ましい連想をつくりだす

11章で新近性効果について説明したので、おそらく想像がついたと思うが、ぼくは意識して、この最終章がとても面白く重要な章になるようにしておいた（そうすることで、あなたの記憶にこの本の好印象をずっと残したいと思ったからだ）。最後に置かれてはいるが、この章は実は本書全体の土台となる章だ。ここに含まれているのは、いちばんはじめの章で見たスキーマやプライミングといったトピックだ。この章を読めば、METHODSのプロセスが、ひとつひとつ段階を踏んで進んでいく直線的なものではなく、循環型で終わりのないプロセスだということがわかってもらえる。

本章は何について書かれているのか。適当な食べものをいくつか使って説明しよう。次の写真にある3つの食品に、それぞれ心のなかで点数をつけてもらいたい。どれだけ好きかを、1（まったく好きではない）から10（とても好き）までのあいだで評価してほしい。左から順にオートミール、マヨネーズ、コーヒーだ。

点数をつけてくれただろうか。気づいていないかもしれないが、まんなかにあるマヨネーズが、両隣の食品（オートミールとコーヒー）の点に影響を与えた可能性が高い。なぜか。研究によると、マヨネーズが「嫌悪感」を呼び起こし、マヨネーズと接しているほかの商品にもそれが移転するからだ。「商品感染」と呼ばれる効果だ。

商品感染を検証した一連の実験で、モラレスとフィッツサイモンズは、小さなショッピングカートにものをいくつか入れて、被験者の前に置いた（Morales & Fitzsimons, 2007）。そこには「生理用ナプキン」も入っていて、クッキーの箱に少し触れている。すべて包装されたままで開封されていないにもかかわらず、このわずかの接触によって、被験者がクッキーを試食する可能性がはるかに下がることが実験の結果わかった。別の被験者グループに、同じものを15㎝離して見せたところ、否定的な認識はほぼ完全になくなった。商品感染は対象となる商品が食べられないもの（たとえばノートなど）であるときに起きることや、嫌悪感を覚え

させる商品の包装が透明でなかが見えるようになっていると効果が強まることも、実験ではわかった。

この研究を紹介することで伝えたかったいちばんのポイントは、ある刺激の特徴がほかの刺激へと簡単に移転するということだ。これには、スーパーマーケットで棚をどう配置するのかというような問題をはるかに超える、大きな意味がある。本章ではこれと似た心理学原理をひとつ紹介し、ほかの刺激と結びついた好意的な性質をあなたのメッセージに移転させる方法を説明する。

なぜ連想はそれほど強力なのか

すべては犬の集団から始まった。そう、犬だ。より正確に言うと、パブロフの犬。

1927年のことだ。心理学全体のもっとも根源的な原理を打ち立てたイワン・パブロフは、実験用の犬で消化の研究をしているときに、ある発見をした（心理学にとって非常に幸運な出来事だ）。実験助手が犬にやる肉粉をもって部屋に入るたびに、実物を見たりにおいをかいだりする前から犬がよだれを垂らし始めることにパブロフが気づいたのだ。理性的な研究者ならみんなそうだろうが、パブロフも犬がテレパシーの力をもっているなどとは考えずに、なんらかの科学的な原理に影響を受けているのではないかと考えた。その直感は正しかった。

犬は、肉の到着を期待するよう条件づけられているのではないか、そう考えるようになったパブロフは、この仮説を検証するために数々の実験を行った。はじめに調べたのは、ベルの音のようなとくに意味のない中性刺激に犬が反応するかどうかだった。反応がないとわかると、次にパブロフはベルの音と肉粉を差し出すことを結びつけた。犬に肉粉を与える直前に、毎回ベルを鳴らしたのだ。すぐに犬はベルと肉を連想するようになり、パブロフがただベルを鳴らすだけでよだれを垂らすようになった。こうして、次のことがわかった。

ベル　→　よだれなし
ベル＋肉　→　よだれ
ベル　→　よだれ

行動反応を呼び起こさない中性刺激（ベルの音など）が、自然と反応を引き起こす「無条件刺激」（よだれを垂らさせる肉粉など）と結びつくと、反応が引き出されるようになることがある、そうパブロフは結論づけた。シンプルな発見ではあるが、この「古典的条件づけ」という考えは心理学の新時代を切り拓いた。

なぜこんなことが起きるのか。もっともよくある説明は、中性刺激（ベルの音など）が無条件刺激（肉粉など）の前に繰り返し示されると、中性刺激が無条件刺激到着の合図となるというものだ（Baeyens et al., 1992）。パブロフが肉を差し出す前に毎回ベルを鳴らしたことで、犬は肉の到着を期待するよう条件づけられて、ベルが鳴るだけでよだれを垂らすようになるというわけだ。

しかしこれが唯一の説明ではない。中性刺激は通常、無条件刺激の前に提示されるが、研究によると、無条件刺激（反応を生じさせる刺激）が中性刺激より早く提示されても、条件づけは起きる。これは「逆行性条件づけ」あるいは「感情プライミング」と呼ばれる（Krosnick et al., 1992）。なんらかの感情の状態を呼び起こす無条件刺激を提示すると、プライミングが起きて、それに続く中性刺激をその新しい感情状態のレンズを通して見るようになる（したがって、「感情プライミング」と呼ばれる）。つまりこういった感情の状態が、中性刺激の受け取り方や評価に影響を与えることがあるということだ。

あなたが友だちに、いつも天気がいい日にだけ電話をかけ続けたとする。この状況では、あなたは感情プライミングを使って自分自身と晴天とを連想させることになる。

あなた　↓　反応なし
あなた＋晴天　↓　肯定的反応
あなた　↓　肯定的反応

十分につなぎ合わせることができれば、ターゲットは天気のいい日に自然に感じる肯定的な感情をあなたと結びつけてイメージするようになる。いいかえるなら、あなたはパブロフの実験のベルになるわけだ。ただし、ターゲットがあなたを見たときにはよだれを垂らすのではなく、肯定的な感情をもつことになる。

感情プライミングのほかにも、ターゲットが晴天から引き起こされる肯定的感情とあなたとを結びつける理由がいくつかある。本節の残りの部分では、さらにふたつの理由を説明したい。

誤帰属

この本を読み終えてからも覚えておいてもらいたいのは、人間は「誤帰属（勘違い）」をする傾向にあるということだ。処理流暢性を例にとってみよう。この原理で、ティッカーシンボル（アメリカの株式市場で銘柄を表すコード）を発音しやすい銘柄（「KAR」など）が発音しにくい銘柄（「RDO」など）よりはるかによい値動きをする理由も説明できる（Alter & Oppenheimer, 2006）。ティッカーシンボルを処理する際のスムーズさを、その企業の財務状況のよさと勘違いするのだ。ティッカーシンボルを発音しやすければ、すばやく処理できることから肯定的な感情が生まれ、それが企業の財務状況に誤帰属させられるわけだ。

古典的条件づけでも、同じような誤帰属が生じる（Jones, Olson, & Fazio, 2010）。ふたつの刺激がお互いに結びついていると、片方の刺激から生じた感情をもう片方から生じたと勘違いすることがある。たとえば、ユーモアのあるコマーシャルを見ると、そのユーモアが引き起こす肯定的な感情が宣伝されている商品そのものから生じた感情だと勘違いする傾向がある（Strick et al., 2011）。

先ほど、あなた自身（中性刺激）を晴天（無条件刺激）と連想させる例を説明した。一部の読者と同じように、あなたもそれを読んでありそうもないことだと軽く流していたかもしれない（たしかにありそうもなく感じられることは認めよう）。しかし研究によると、このやり方には利用価値がある。シュワルツとクロアは晴れの日か雨の日に電話をかけ、相手の調子を尋ねた（Schwarz & Clore, 1983）。すると注目すべきことに、天気がいい日のほうが、電話の相手ははるかに幸せで人生に満足していた。ただし興味深いことに、実験者が「そちらの天気はどうですか」と尋ねてから会話を始めるとこの勘違いは消えてしまった。雨が降っているところにいる人がこのたわいない質問をされると、気持ちが沈んでいるのは天気のせいだと意識的にあるいは無意識に気づいて、幸福度の自己評価を調整して上にあげるのだ。

ポイントはこうだ。すなわち、連想が強力なのは、ある刺激から生じる性質と反応がほかの刺激から生じていると勘違いしやすいからだ（だから、昔の友だちに電話するのなら天気がよくなるまで待ったほうがいい）。次に、連想の力の背後にある、最後の理由を説明する。意味ネットワークだ。

意味ネットワーク

1章で説明したように、われわれの脳には意味ネットワークがある。生まれてからこれまでに学んだことをすべて含む、相互に結びついた知識の網の目のことだ。ネットワークに含まれる各概念（あるいは「ノード」）は、ほかの似た概念、あるいは連想される概念と結びついている。さらに、ある概念が活性化すると、結びついたほかの概念もすべて活性化する。「活性化拡散」と呼ばれる原理だ。それらについては、11章で論じた。

一周して、この最終章でまたはじめに戻ってきたことになる。連想は、意味ネットワークがどのように誕生するかを説明するものだからだ。われわれが生まれてからこれまでに学んできた概念（つまり、われわれの意味ネットワークのノードひとつひとつ）はすべて、連想を通じて現れてきた。新しい概念が提示されると、われわれはその概念をただ脳の中に宙づりにしておくことはできない。すでに存在する知識のネットワークにうまく組み込むために、類似性や連想を通してその概念を既存の概念と結びつける必要がある。

例を挙げて説明しよう。次の文章を読んでもらいたい。よく練り上げられた研究で、実験者が被験者に渡した文章だ。

手順は実際にとてもシンプルです。まず、素材によってグループに分けます。もちろん、量によってはひと山でも十分です。設備がなくほかの場所へ行かなければならない場合は、それが次のステップとなりますが、そうでなければ準備はほぼ完了です。やり過ぎはよくありません。つまり、一度にたくさんやり過ぎるよりも、少な過ぎるぐらいのほうがいいのです。短期的には、これは重要とは思われないかもしれませんが、やり過ぎるとすぐに厄介な問題が生じます。間違いを犯すと、高くもつきます。しかるべきメカニズムの操作は見ればわかるはずですので、ここで深入りする必要はないでしょう。はじめは、この全プロセスが煩雑に思えるでしょう。しかしすぐに生活の一部になります。将来すぐにこの作業の必要性がなくなるとは思えませんが、実際のところはわかりません（Bransford & Johnson, 1972, p. 722）。

たいていの人と同じように、おそらくあなたもこれを読んでも何のことやらさっぱりわからなかったのではないだろうか。だれがこんなわけのわからない、おかしな文章を理解できるのか。しかし、情報の正しい文脈がわかると、関連するスキーマのもとに情報をカテゴリー化して、この文章の意味がはっきりとわかるようになる。文脈は「洗濯」だ。文脈がわかったところで文章を読み直すと完全に理解できる。洗濯をするというスキーマのもとに情報を位置づけることができるからだ。

これを聞いて、何かを思い出さないだろうか。思い出すはずだ。1章で、「幸運」と「こびと」という概念が、数字の7を無意識のうちに呼び起こすことを説明した。意味ネットワーク上でこのふたつの概念と数字の7が結びついているので、このふたつの概念から数字の7へと活性化が拡散するのだ。

古典的条件づけでも同じようなプロセスが起こる。図に示したのは、より複雑な、しかし大幅に単純化した意味ネットワークの概念図だ。

古典的条件づけが効果を発揮するのは、要するにこのネットワークのなかで新しいつながりをつくるからだ。たとえば、あなた自身をいい天気とずっとペアリングしていれば、ターゲットの意味ネットワーク上で「好天」と「あなた」との結びつきを新しくつくることができる。ペアリングの回数が多ければ多いほど結びつきは強くなる。結びつきができたら、「あなた」から「好天」へ、そして「肯定的な感情」へと活性化が拡散していく。古典的条件づけによってあなた自身を好天と結びつけると、あなたが肯定的な感情を活性化させられるようになる。ターゲットの意味ネットワーク上で活性化拡散が起きるからだ。

ＭＥＴＨＯＤＳプロセスを一周して戻ってきたのがおわかりいただけるだろう。1章で、意味ネットワークはわれわれが世界をとらえる際の心の枠組みであると説明した。そしてこの最終章では、意味ネットワークは連想によってつくられると解説した。意味ネットワークにはとてつもない意味が含まれているので、この本でカバーできる範囲を超えているが、連想というものの性質と、連想がいかにわれわれの世界認識を導いているかについては、よ

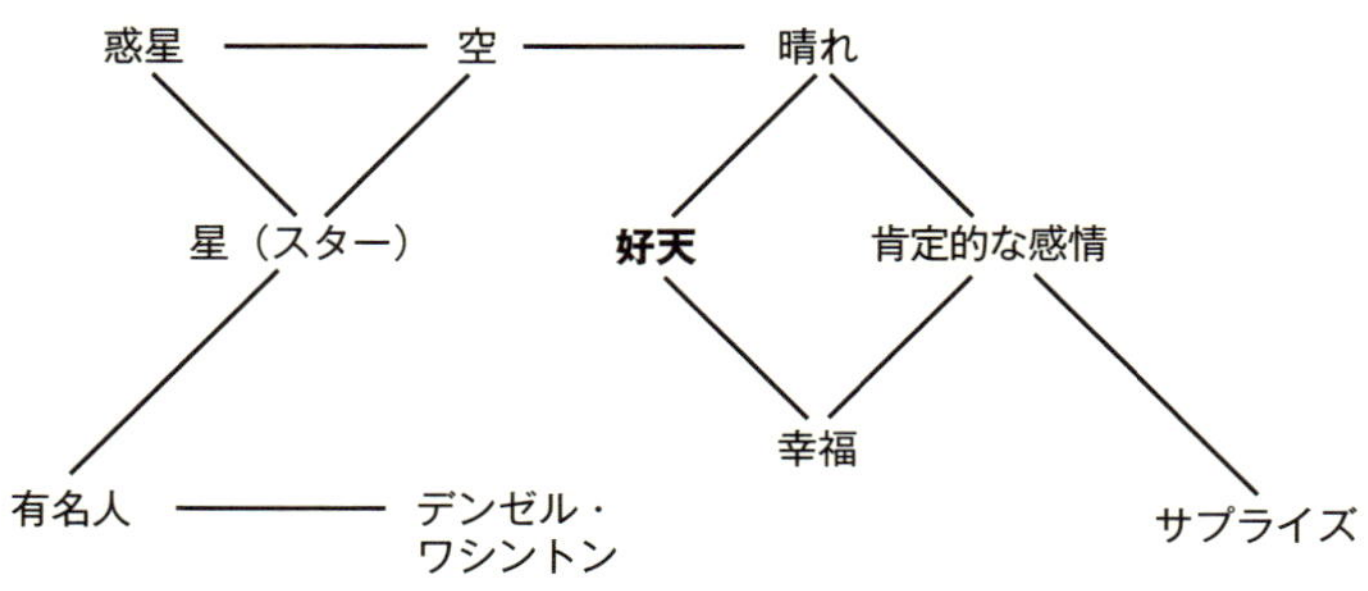

く理解してもらえたと思う。

説得の戦術
好ましい連想をつくりだす

METHODSのこのステップでは、連想を継続的に用いて、ターゲットがこちらに従っている状態を維持したり、まだ従っていない場合にはさらなるプレッシャーをかけたりする。

広告業界では、この原理をつねに利用して、ブランドとブランドのイメージにふさわしい刺激とを結びつけている。たとえば、商品をスポーツイベントで宣伝することで、ブランドのわくわく感を維持したりつくりだしたりする。スポーツによってわくわく感を覚えると、この気持ちが広告や宣伝文句にある商品に移るのだ。

メッセージを肯定的な刺激や関連する刺激と結びつけるというわかりやすい戦術のほかにも、より目に見えにくい戦術がいくつかあって、それも活用できる。

メタファーを用いる

あなたは気づいていないかもしれないが、メタファーはあらゆるところに存在する。実際、世界に対するわれわれの認識は、ほとんどが7つの「ディープ・メタファー」を通じて現れていると論じる研究者もいる（Zaltman & Zaltman, 2008）。

それは、考えてみれば納得できる。新しいことを意味ネットワーク上の既存の概念と結びつけながら学んでいくのであれば、出発点がなければならない。ある意味では、われわれが学ぶものはすべて、何らかのかたちで意味ネットワークのいちばん深いところにある要素と結びつく。食べものを食べるといった、生存のもっとも基本的な側面にかかわる要素だ。日常の言葉の次元から目を離すと、こういったメタファーが無数にあることが見えてくる（Lakoff & Johnson, 1980）。

信じてもらえないだろうか。せめてあなたのプライドを〝飲み込んで〟、私が説明するあいだ、この〝肉厚な〟段落を〝腹に入れて〟みてもらいたい。心配しなくてもいい。試験のためにこの情報を〝反芻〟してもらうようなことはない。純粋に〝思考の糧〟にしてもらえればいい。もしこの〝生煮え〟の考えに説得力がなければ、〝咀嚼〟してしばらく〝煮つめて〟みよう。やがてあなたの心に〝食い込んで〟いくかもしれない。このように食べ物のメタファーが〝腐るほど〟たくさんあるとわかると、〝ほろ苦い〟気づきと感じられるかもしれない。あるいは、やはりこの考えが眉〝唾〟ものだと感じられるのなら、あなたが〝食いつく〟たぐいの考えではないのだろうが、それでもこの本の残りの内容を〝貪り〟読んでもらえるとうれしい（〝後味が悪く〟ないといいのだけれど）。あなたがこの本を単なる〝日替わり〟の一品だととらえずにいてくれさえすれば、ぼくはそれで満足だ。あるいは勝利の〝甘い香り〟を感じることになると言ってもいい。

言語の使用と起源は興味深いテーマであり、研究者がいまなお理解しようと努めているものだが、本書で扱える範囲をはるかに超えている。ぼくがここで言いたのは、われわれは多くの概念をよりなじみのあるほかの概念と関係づけることで理解しようとするということだ。メタファーに頼る人間の自然な傾向を利用した説得テクニックがいくつかあるということが重要である。ここでは、そのうちふたつを紹介したい。

「よい＝上」のメタファーを利用する

食べもののほかに、空間内の位置に関するものも根源的なメタファーだ。とくに縦の位置がものの「よさ」を意味するようになっている。ブライアン・マイヤーとマイケル・ロビンソンが、ある論文でそのメタファーを説明している（Meier & Robinson, 2004）。

上にあったり高いところにあったりするものは、いいものだと考えられることが多い。一方、下にあったり低いところにあったりするものは、悪いものだと考えられることがよくある。たとえば聖書では、高潔な人は天国に「昇り」、罪人は地獄へ「堕ちる」。メディアでは、映画評論家はいい映画に親指を「立て」、悪い映画に親指を「下げる」……マリファナを吸うと「ハイ」になるが、その陶酔感がさめると、「ダウン」する。幸せな人は「アップ」だと感じ、悲しい人は「ダウン」だと感じる（Meier & Robinson, 2004, p. 243）。

「よい」ということが「上」のスキーマと結びついているので、あなたのメッセージのアピールを高めるには、何か上の位置にあるものと関連づければよい。

雑誌に広告を載せるとしよう。あるページのふたつのスペースからどちらかを選ぶよう編集者に言われる。最上部に近いスペースと最下部に近いスペースだ。たいていの人はどちらでもいいと思うだろうが、最上部に近いスペースを選ぶべきだ。なぜなら、そうすることで「よい＝上」の連想を活性化させることができ、あなたの商品と広告に好意的な認識をもってもらえるからだ。

広告を出す状況でなくてもこの考えは活用できる。自分の子どもやパートナーに、身体にいいものを食べてもらいたくはないだろうか。冷蔵庫の中身を整理して、健康的なものをいちばん上の棚に、不健康なものをいちばん下の棚に置くといい。この置き場所が、ターゲットの意味ネットワークにある「よい＝上＝健康」という連想を強化するのに役立つ。そんなことあるはずがないと思われるかもしれない。しかし、マーケティングの研究では、店に陳列されている商品は棚の最上段に近いところにあると好意的に評価されると証明されている（Chandon et al., 2009）。

メタファーを使って伝える

新しい概念を理解するとき、われわれはメタファーに依存している。それならば、情報を伝えるのにメタファーを使ってはどうだろう。先に説明したように、われわれは、意味ネットワーク上にすでにある概念と関連づけることによって新しい概念を理解する。したがって、メッセージをより効果的に伝えるには、ターゲットの意味ネットワークにある既存概念と比較すればいい。

抽象的な考えや概念の場合には、これがとくに重要だ。経験豊かなマーケティング専門家は、商品の無形のメリット（高品質など）を伝えるために、有形の何かとつねに比較する。メタファーが、そのメリットに「かたちを与える」からだ。たとえば、ジェラルド・ザルトマンとリンジー・ザルトマンが書いているように、「生命保険会社はさまざまなシンボルと結びついた考えを用いる。たとえば、傘（トラベラーズ保険）、岩（プルデンシャル生命保険）、手（オールステート保険）を使って、保護、たくましさ、手助けといった性質を伝えようとしているのだ」（Zaltman & Zaltman, 2008）。

メタファーは、情報をより効果的に伝えるのに役立つだけではない。情報を受けとる側があなたに寄せる信頼を高めることもできる。ぼくが母校の教授数人と行った実験でわかったのは、相手がすでによく知っていることと比較しながら情報を伝えると「感情的信頼」を高められるということだ。「感情的信頼」とは、相手が強力な「直感的反応」であなたのことを信頼するということだ（Kolenda, McGinnis, & Glibkowski, 2012）。覚えておいてもらいたい。新しい概念を人に伝えるときは、相手がすでによく知っている何かと比較しながら行うべきだ。

自然に起きるプライムと結びつける

簡単な作業をしてもらいたい。頭のなかで、炭酸飲料のブランドを5つ思い浮かべてほしい。思い浮かべただろうか。驚くことに、一年のうちどの時期にあなたがこの本を読んでいるかによって思い浮かべられるブランドが異なる。

ある研究で、バーガーとフィッツサイモンズは、被験者に炭酸飲料とチョコレートのブランドを挙げさせた（Berger & Fitzsimons, 2008）。ハロウィンの前日に尋ねると、チョコレートとしてリーセスを、炭酸飲料としてオレンジの炭酸飲料（サンキストなど）を挙げる可能性が高かった。1週間後に別の集団に同じ質問をすると、リーセスとオレンジの炭酸飲料が含まれる確率は減少した。

なぜこういった商品が、ハロウィンの前日により人気があったのか。リーセスとサンキストとハロウィン、この3つはある共通点をもっている。オレンジ色だ。ハロウィン前日に尋ねると、リーセスとサンキストを挙げる確率が高くなったのは、心のなかでオレンジ色が大きな位置を占めていたからだ。オレンジ色が大きな位置を占めていたので、意味ネットワーク上で活性化が起きるとそれらのブランドが浮かんできやすかったのだ。

これはあまりにもわかりやすいプライムだが（ハロウィンが近づくと、たしかに店はオレンジ色の商品でいっぱいになる）、同じ研究者たちが似たような別の実験をしている。オレンジか緑のペンを渡してアンケートに答えてもらう実験だ。はるかにわかりにくいプライムだが、アンケートで商品を評価する際にペンの色が影響を及ぼした。オレンジ色のペンを使った人はオレンジと関係する商品（ファンタなど）を好んだが、緑のペンを使った人は緑色の商品（レモンライム・

ゲートレードなど）を好んだ。ペンの色に無意識に触れることで、概念的流暢性が生じたのだ。オレンジ色のペンによってプライミングされた人の心には、オレンジに関係する商品がよりスムーズに入ってくるので、この処理のスムーズさを商品自体への好感と勘違いしたわけだ（緑のペンの場合も同様だ）。

ペンの色のようなわかりにくいものでも概念をプライミングすることができる。したがって、広告を打つ場合には、メッセージを、そのメッセージと似ているなじみのある何かと結びつけることで、概念的流暢性を利用できる。「マスコットキャラクター」のことを考えてみよう。ブランドのシンボルとして人間や動物やモノをマーケティングに使うことだ。現在のマスコットキャラクターは、架空のもの（ピルスベリー社のドゥボーイやゼネラル・ミルズ社のジョリー・グリーン・ジャイアントなど）や普段ほとんど目にすることのないもの（ケロッグ社のトニー・ザ・タイガーやトゥーカン・サムなど）が多い。架空のものやあまり見かけないものをマスコットキャラクターに使うより普段頻繁に見かけるものを使ったほうが、はるかに効果的だ。「自然に起きるプライム」が、継続的にメッセージを人の頭のなかに呼び起こさせるからだ。

より効果的な戦略がイー・トレード社のコマーシャルに見られる。話をする赤ん坊が登場するコマーシャルだ。連想によって、暗にイー・トレード社についての肯定的なメッセージが伝わるというだけではない（たとえば、サービスの使い方は簡単なので赤ん坊にも使える、など）。赤ん坊は自然に起きるプライムでもある（賭けてもいいが、トラやトゥーカン〔オオハシ〕より赤ん坊を見かけることのほうが多いはずだ）。実際、次に赤ん坊を見かけたら、あなたは、「あの話をする赤ちゃんのコマーシャル」を見たかと、その子の親に話しかけるかもしれない。そうなると、イー・トレード社のことが口コミで伝わるきっかけになる。

しかし、マスコットキャラクターを使うだけでなくもっといい戦術がある。あなたのメッセージを、飢えや渇きといった自然に生じるニーズと結びつけるのだ。話す赤ん坊を使って食品のコマーシャルをつくるとしよう。そのコマーシャルでは、英語で一般的な「フード・ベイビー」というフレーズを使うことができるだろう。フード・ベイビーとは、食べ過ぎでお腹がふくれあがった人のことを指す。はじめのシーンでは、お腹がすいている人を登場させ、次のシーンでその人のお腹のなかを見せる。空っぽだ。3番目のシーンでは、話をする赤ん坊が休暇を楽しんでいる様子を映す（空腹の人のお腹のなかには「フード・ベイビー」がいないということ）。馬鹿げた例かもしれないが、ここには心理学の原理がいくつも含まれている。

- 第一に、このコマーシャルはあまりにも馬鹿馬鹿しいので覚えてもらいやすい（「奇異性効果」と呼ばれ、奇妙なイメージは記憶に残りやすい〔McDaniel et al., 1995〕）。
- 第二に、コマーシャルを見た人は、次にお腹がすいたとき（ニーズに根ざして自然に生じる現象だ）に、あなたのブランドのことを思い浮かべるようプライミングされる。空腹を感じるとフード・ベイビーの馬鹿げたコマーシャルを思い出し、そこからあなたのブランドの記憶が呼び起こされる。

- 第三に、ブランドが頭にすんなり入ってくると概念的流暢性が働く。ブランドが頭に入ってくるスムーズさを、そのブランドを消費したい欲求と勘違いする（Lee & Labroo, 2004）。
- 第四に、すでにその人は欠乏状態にある（お腹をすかせている）ので、それを解消する方法を積極的に見つけようとする。すでにあなたのブランドのことを考えているため、あなたの会社の食品が空腹を満たす食べものとして完璧な候補となる。
- 第五に、コマーシャルを見た人が、次に赤ん坊を目にすると（あるいは「フード・ベイビー」という言葉を耳にすると）、周囲の人にあのコマーシャルを見たかと尋ねるかもしれない。すると、あなたのブランドについて会話が始まる（Berger, 2013）。こういった会話が、あなたのブランドについてすでに広がっている口コミをさらに広め、マーケティングの一部を自動化する。

これはマーケティング専門家にもっとも関係の深い戦術だろうが、原理はきわめて強力だ。あなたの商品あるいはメッセージをだれかの頭のなかのいちばん目立つところに置いておくには、頻繁に触れるものと関連づけておくといい。その人は、「自然に起きるプライム」に触れるたびにあなたの商品やメッセージについて考える可能性が高い。

自分の魅力を高める

この本で最後の具体的戦術だ。ぼくが最後のトピックに選んだのは、①説得に強力な効き目があって、②インパクトを持続させるものだ。ここでは、相手から見たあなたの魅力を高める方法を説明する。

想像してもらいたい。頑丈な橋を渡っていると、研究者が近づいてきてアンケートに答えてほしいと言う。では、安全な橋ではなく不安定なつり橋を渡っているときに同じお願いをされると、その研究者に対してあなたが感じる魅力は変化するだろうか。興奮が高まることによって魅力が変化することが、研究で示唆されている（そう、何章か前に論じた興奮状態と同じだ）。

ダットンとアロンがこの橋の実験を行い、興奮と魅力の関係を調べた（Dutton & Aron, 1974）。実験では、不安定なつり橋か安全で頑丈な橋かのどちらかを渡っている男性に女性研究者が接近した。男性がアンケートに答え終わると、女性研究者は自分の電話番号を渡し、質問があれば電話してほしいと伝えた。驚くべき結果が出た。安全な橋を渡っていた16人の男性のうち、あとで電話をかけてきたのはたったふたり（13％）だった。しかし、不安定なつり橋を渡っていた18人の男性のうち、なんと9人（50％）もが女性研究者に電話をかけてきたのだ。つり橋の危険のせいで男性の興奮が高まり（たとえば心拍が上昇し、呼吸が激しくなり）、この興奮状態に意味づけをしようと周囲に手がかりを探す。橋のせいだとも考えられるが、女性研究者のせいだと感じてもおかしくはない。安全な橋を渡っていた男性はほとんど興奮していなかったので、間違って女性研究者と結びつける感情はない。したがって、あとで電話をする人は少なかった。

ほかの研究では、興奮がほんとうは何のせいで生じたのかきちんとわかっていても、ほかの人間へ引かれる気持ちが強くなるとの結果が出た。歯医者の椅子にもたれて座っていると、バン！いきなり椅子が後ろに35度倒れ、重たい真鍮製の板が床の上の鉄板にぶつかり、大きな音をたてる。スーパーマンでもないかぎり、びっくりして何らかの興奮を感じるだろう。ある実験への参加者もそうだった（Dienstbier, 1989）。被験者は、興奮が何によって引き起こされたのかわかっていたが、それにもかかわらず、近くにいた実験者に魅力を覚える人がとても多かった。

自分のことをより魅力的だと相手に感じさせるために、この原理を利用するにはどうすればいいのだろう。さいわい、不安定な橋や壊れた歯医者の椅子のほかにも、自然と興奮を高める状況はたくさんある。恋人を見つけたいと思えば、スポーツジムに入会するのもひとつの手だ。ほとんどみんなが、自然と興奮状態になる場所だ。ジム仲間と交流すると、相手は興奮状態にあるのはあなたに魅力を感じているためと解釈する可能性が高く、恋愛関係に発展するチャンスがある（White, Fishbein, & Rutsein, 1981）。

同様に、だれかとデートをするようになったら、怖い映画や遊園地など自然と興奮が引き起こされるデート先を選ぶべきだ。怖い映画は、カップルの結びつきを強め（Cohen, Waugh, & Place, 1989）、遊園地のジェットコースターでは、いっしょに座ったパートナーの魅力をより高く評価するようになることがわかっている（Meston & Frohlich, 2003）。

ほかにもやり方はいろいろある。創造的に頭を働かせて考えてみてもらいたい。この本で紹介したほかの原理も同じだが、この章で示した戦術例が唯一のやり方ではけっしてない。「はじめに」に記したとおり、各原理の背後にある心理学を説明したのは、読者それぞれが考えて、自分なりに説得に応用してもらえるようにしたかったからだ。ぼくの目的は、魚を与えることではなく魚の釣り方を教えることにある。

人間の行動を導く原理をいくつか理解していただけたと思う。これからは、それらの原理を創造的に活用する自分なりの方法を考えてもらいたい。無限の応用可能性があるとすぐに気づくに違いない。糸を使って人形を動かす操り人形師と同じように、あなたもやがて人間操り人形でいっぱいのこの世界で、操り人形の名人となるはずだ。最後の「メタファー」を出したところで、あとは最後の「現実への応用」法を紹介し、本書で示したすべての原理を理解するのに役立つユニークなまとめをして、本書を閉じることとしたい。

家族旅行【第3話】

閉じていた夫の心をどうにかこじ開けることができたものの、ディズニーランドへの家族旅行についてはどっちつかずの態度になった。そこであなたは、もうひと押し説得するために、旅行がさらに魅力的に感じられるよう古典的条件づけを使うことにした。

夫の機嫌がいいときに毎回、旅行一般の話をもち出す。家族旅行のことは切り出さない（こちらの意図に気づかれたら、心理的リアクタンスを生じさせるかもしれないからだ）。関係のない旅行のこと、たとえば、同僚が最近フランスへ行ったことや、数年前のイタリアへの家族旅行のことなどを話すといい。

すでに夫には繰り返し旅行のことに触れさせていた。それがさらに強化されるだけでなく、夫が旅行により魅力を感じるよう古典的条件づけを行うこともできる。機嫌がいいときにいつも旅行を話題にすることで、肯定的な感情を家族旅行の考えに移転させることができるのだ。繰り返しこういった話題に触れることで、夫は自分でも気づかないうちに旅行に対して肯定的な態度をとるようになっていく。

1、2週間、条件づけをしたあとに、ふたたびディズニーランドへの家族旅行のことを話してみる。反応は上々だ。ようやく乗り気になった。大喜びしたあなたは、旅行の計画に思いをはせながら、夫に抱きついてキスする。娘に一生の思い出をつくってあげられるのが、楽しみでならない。

終――まとめ

以上、これが「説得のMETHODS《メソッド》」だ。われわれは、ようやく本の最後にたどり着いた。ほほえんでもらっていい。

この本で紹介したおもな原理を**まとめる**前に、今度はぼくのリクエストに応じてもらうよう、あなたを説得する番だ。ぼくはきわめて不利な立場にいる。ぼくが使えるテクニックは、みなさんすでによくご存じだからだ。この本で紹介した戦術を使えば、すぐに見抜かれてしまうだろう。だから、最後に残された説得術を使うよりほかにない。ほんとうに、心をこめてお願いするという戦術だ。

何をしてほしいのかって？　この本を100冊買って友だちに配り、ぼくの本のことを世界中に広めてもらいたい……というのは冗談。ほんの些細なお願いだ。それに、ふたつの選択肢から選んでもらう（両方ともやってくれれば、それに越したことはない）。もしこの本の情報が面白かったり役に立ったりしたら、次のいずれかをしてもらえると、ほんとうに助かる。

▼アマゾンでいいレビューを書く（社会的証明をとおして、この本を売り込む手助けになる）
▼ぼくのブログ（www.NickKolenda.com）を購読する（ぼくが発信する記事や本、動画の最新情報を受けとることができる）

心理学の原理は使わないと言ったものの、実はいくつか使った。いや、いくつかどころではないかもしれない。この短いリクエストのなかで、本書で紹介した原理の半分以上を使っているのに気づいただろうか。引き返して使われている原理をおさらいしてみよう。そうすることで、自分の生活のなかでどのようにこれを使っていけばいいのか、よりよくイメージしてもらえると思う。このおさらいが、本全体の格好のまとめにもなる。

この章のいちばん最初の段落にも、すでに心理学が含まれていた。本の最後にたどり着いたから、ほほえんでもらっていいという箇所だ。「ほほえむ」という言葉を使ったのには、ふたつの意味がある。第一に、「ほほえむ」という言葉に触れると、ほほえむときに使う顔の筋肉が活性化される（Foroni & Semin, 2009）。つまりボディランゲージをコントロールしようとしたわけだ（4章）。第二に、「ほほえみ」は通常、柔軟な心のスキーマに含まれている。したがって、この言葉に触れさせたことによって、より柔軟な態度をとるようにプライミングできたかもしれない（1章）。

さらに、「われわれは」ようやく本の最後にたどり着いた、ほほえんでもらっていいと書いた。この一人称の代名詞を使うことで、ぼくたちが同じ内集団に属することが強調される（7章）。同じ苦難の旅をともにしたということが暗に示されるからだ。

次の段落では、「まとめる」が太字になっているのに気づいたかもしれない。場違いに思われただろう。わざわざ太字にしたのは、ピーク・テクニックを使って注意を引きたかったからだ。あなたがなんとなく読み進めていたら、これによって自動操縦モードから抜け出し、システマティック処理を使ってぼくのリクエストを検討してくれるようになったはずだ（10章）。

2段落目を読み進めると、心理学的の戦術を使っていることを隠すために、すでにこの本で紹介した戦術を使っても意味がないと書いた。戦術を隠すことで、あなたを説得しようとしたり、あなたの行動をコントロールしようとしたりしているわけではないと見せかけたのだ。そうしなければ、心理的リアクタンスが働いて、自動的にぼくのリクエストに抵抗を示されることになるかもしれない（13章）。

次の段落でリクエストを提示する直前に、対比効果を使ってあなたの認識をアンカリングした。ぼくの本を100冊買ってほしいというリクエストは大き過ぎるので、続いて小さなリクエストをふたつすると、大きなリクエストをしなかった場合よりも、さらにそのリクエストが小さく感じられる（2章）。

また、そのふたつのリクエストにも心理学の原理が含まれている。選択肢を与えることで、あなたの自律性を高めただけでなく（12章）、それぞれのリクエストのあとには、その理由も添えた。もしあなたがまだヒューリスティック処理を使っていたら（みんなある程度はヒューリスティック処理をする)、挙げられている理由は有効だと想定して、リクエストに従う可能性が高くなる(11章)。

こういった原理を日常の場面で使うのがいかに簡単か、驚かされるだろう。簡単なリクエストをひとつするのに、この本の半分以上の章からたくさんの原理をもってきて使うことができた。あなたはこれらの原理を知っているが、それにもかかわらず気づかなかった点も多いに違いない。それがもうひとつの強みだ。何も知らない人に使うと、さらに気づかれずにすむ。最後に、この本はステップ・バイ・ステップのプロセスを示してはいるものの、好きな原理を好きなときに選んで使えることにも気づいてもらえているとうれしい。METHODSのプロセスはガイドとして役に立つが、厳密に段階を踏んでいかねばならない決まりはない。自由にいろいろな原理を使ってもらえばいい。

心理学原理の応用云々はともかく、先に挙げたふたつの選択肢のうちどちらかを実行に移してもらえるとほんとうに助かる。もしこの本にそれだけの価値がないと思ったら、何が必要か、ぜひ知らせてほしい。ぼくは全精神と知力を注いで、この本をできるだけ面白く役に立つものに仕上げようとした。だから、さらによくできることがあれば、ぜひ聞いて次の版に活かしたい。

参考文献

Aarts, H., & Dijksterhuis, A. (2003). The silence of the library: Environment, situational norm, and social behavior. *Journal of Personality and Social Psychology, 84*(1), 18-28.

Alter, A. L., & Oppenheimer, D. M. (2006). Predicting short-term stock fluctuations by using processing fluency. *Proceedings of the National Academy of Sciences, 103*(24), 9369-9372.

Alter, A. L., & Oppenheimer, D. M. (2009). Uniting the tribes of fluency to form a metacognitive nation. *Personality and Social Psychology Review, 13*(3), 219-235.

Anderson, C. A., & Bushman, B. J. (2001). Effects of violent video games on aggressive behavior, aggressive cognition, aggressive affect, physiological arousal, and prosocial behavior: A meta-analytic review of the scientific literature. *Psychological Science, 12*(5), 353-359.

Ariely, D. (2009). *Predictably Irrational: The Hidden Forces that Shape our Decisions*. New York: HarperCollins. ／ダン・アリエリー『予想どおりに不合理――行動経済学が明かす「あなたがそれを選ぶわけ」』（熊谷淳子訳、早川書房）

Ariely, D., Gneezy, U., Loewenstein, G., & Mazar, N. (2009). Large stakes and big mistakes. *The Review of Economic Studies, 76*(2), 451-469.

Aronson, E., & Carlsmith, J. M. (1963). Effect of the severity of threat on the devaluation of forbidden behavior. *The Journal of Abnormal and Social Psychology, 66*(6), 584-588.

Asch, S. (1946). Forming impressions of personality. *Journal of Abnormal Psychology, 41*, 258-290.

Asch, S. (1951). Effects of group pressure upon the modification and distortion of judgments. *Groups, Leadership, and Men*. New Brunswick: Rutgers University Press, 222-236.

Asch, S. (1956). Studies of independence and conformity: I. A minority of one against a unanimous majority. *Psychological Monographs: General and*

Applied, 70(9), 1-70.

Baeyens, F., Eelen, P., Crombez, G., & Van den Bergh, O. (1992). Human evaluative conditioning: Acquisition trials, presentation schedule, evaluative style and contingency awareness. *Behaviour Research and Therapy, 30*(2), 133-142.

Bargh, J. A., Chen, M., & Burrows, L. (1996). Automaticity of social behavior: Direct effects of trait construct and stereotype activation on action. *Journal of Personality and Social Psychology, 71*(2), 230-244.

Berger, J. (2013). *Contagious: Why Things Catch On*. New York: Simon & Schuster. ／ジョーナ・バーガー『なぜ「あれ」は流行るのか？――強力に「伝染」するクチコミはこう作る！』（貫井佳子訳、日本経済新聞出版社）

Berger, J., & Fitzsimons, G. (2008). Dogs on the street, pumas on your feet: How cues in the environment influence product evaluation and choice. *Journal of Marketing Research, 45*(1), 1-14.

Bem, D. J. (1972). Self-perception theory. *Advances in Experimental Social Psychology, 6*, 1-62.

Bless, H., Bohner, G., Schwarz, N., & Strack, F. (1990). Mood and persuasion: A cognitive response analysis. *Personality and Social Psychology Bulletin, 16*(2), 331-345.

Bornstein, R. F., Leone, D. R., & Galley, D. J. (1987). The generalizability of subliminal mere exposure effects: Influence of stimuli perceived without awareness on social behavior. *Journal of Personality and Social Psychology, 53*(6), 1070-1079.

Bransford, J. D., & Johnson, M. K. (1972). Contextual prerequisites for understanding: Some investigations of comprehension and recall. *Journal of Verbal Learning and Verbal Behavior, 11*(6), 717-726.

Brehm, J. W. (1966). *Response to Loss of Freedom: A Theory of Psychological Reactance*. New York: Academic Press.

Brendl, C. M., Chattopadhyay, A., Pelham, B. W., & Carvallo, M. (2005). Name letter branding: Valence transfers when product specific needs are active. *Journal of Consumer Research, 32*(3), 405-415.

Briñol, P., & Petty, R. E. (2008). Embodied persuasion: Fundamental process-

es by which bodily responses can impact attitudes. *Embodiment Grounding: Social, Cognitive, Aff ective, and Neuroscientific Approaches*. Cambridge: Cambridge University Press, 184-207.

Brock, T. C. (1968). Implications of commodity theory for value change. *Psychological Foundations of Attitudes*. New York: Academic Press, 243-275.

Bull, P. E. (1987). *Posture and Gesture* (Vol. 16). Oxford: Pergamon Press. ／Ｐ・ブゥル『姿勢としぐさの心理学』（市河淳章／高橋超編訳、飯塚雄一／大坊郁夫訳、北大路書房）

Burger, J. M., Horita, M., Kinoshita, L., Roberts, K., & Vera, C. (1997). Effects on time on the norm of reciprocity. *Basic and Applied Social Psychology, 19*(1), 91-100.

Burger, J. M., Messian, N., Patel, S., del Prado, A., & Anderson, C. (2004). What a coincidence! The effects of incidental similarity on compliance. *Personality and Social Psychology Bulletin, 30*(1), 35-43.

Burger, J. M., Sanchez, J., Imberi, J. E., & Grande, L. R. (2009). The norm of reciprocity as an internalized social norm: Returning favors even when no one finds out. *Social Influence, 4*(1), 11-17.

Burnkrant, R. E., & Unnava, H. R. (1995). Effects of self-referencing on persuasion. *Journal of Consumer Research*, 22(1), 17-26.

Bushman, B. J., & Stack, A. D. (1996). Forbidden fruit versus tainted fruit: Effects of warning labels on attraction to television violence. *Journal of Experimental Psychology: Applied, 2*(3), 207-226.

Carlin, A. S., Hoffman, H. G., & Weghorst, S. (1997). Virtual reality and tactile augmentation in the treatment of spider phobia: A case report. *Behaviour Research and Therapy, 35*(2), 153-158.

Catherall, D. R. (2004). *Handbook of Stress, Trauma, and the Family* (Vol. 10). New York: Brunner-Routledge.

Chaiken, S. (1980). Heuristic versus systematic information processing and the use of source versus message cues in persuasion. *Journal of Personality and Social Psychology, 39*(5), 752-766.

Chandon, P., Hutchinson, J. W., Bradlow, E. T., & Young, S. H. (2009). Does in-store marketing work? Effects of the number and position of shelf facings on brand attention and evaluation at the point of purchase. *Journal*

of Marketing, 73(6), 1-17.

Chartrand, T. L., Dalton, A. N., & Fitzsimons, G. J. (2007). Nonconscious relationship reactance: When significant others prime opposing goals. *Journal of Experimental Social Psychology, 43*(5), 719-726.

Chatterjee, A. (2010). Neuroaesthetics: A coming of age story. *Journal of Cognitive Neuroscience, 23*(1), 53-62.

Chernev, A. (2011). Semantic anchoring in sequential evaluations of vices and virtues. *Journal of Consumer Research, 37*(5), 761-774.

Cialdini, R. B. (2001). *Influence: Science and Practice*. Boston: Allyn & Bacon. ／ロバート・B・チャルディーニ『影響力の武器』（社会行動研究会訳、誠信書房）

Cialdini, R. B. (2003). Crafting normative messages to protect the environment. *Current Directions in Psychological Science, 12*(4), 105-109.

Cialdini, R. B., Demaine, L. J., Sagarin, B. J., Barrett, D. W., Rhoads, K., & Winter, P. L. (2006). Managing social norms for persuasive impact. *Social Influence, 1*(1), 3-15.

Cialdini, R. B., Reno, R. R., & Kallgren, C. A. (1990). A focus theory of normative conduct: Recycling the concept of norms to reduce littering in public places. *Journal of Personality and Social Psychology, 58*(6), 1015-1026.

Cialdini, R. B., Vincent, J. E., Lewis, S. K., Catalan, J., Wheeler, D., & Darby, B. L. (1975). Reciprocal concessions procedure for inducing compliance: The door-in-the-face technique. *Journal of Personality and Social Psychology, 31*(2), 206-215.

Cohen, B., Waugh, G., & Place, K. (1989). At the movies: An unobtrusive study of arousal-attraction. *The Journal of Social Psychology, 129*(5), 691-693.

Collins, A. M., & Loftus, E. F. (1975). A spreading-activation theory of semantic processing. *Psychological Review, 82*(6), 407-428.

Darley, J. M., & Latané, B. (1968). Bystander intervention in emergencies: Diffusion of responsibility. *Journal of Personality and Social Psychology, 8*(4), 377-383.

DeBono, K. G., & Krim, S. (1997). Compliments and perceptions of product quality: An individual difference perspective. *Journal of Applied Social*

Psychology, 27(15), 1359-1366.

Deci, E. L., & Ryan, R. M. (1980). The empirical exploration of intrinsic motivational processes. *Advances in Experimental Social Psychology, 13*(2), 39-80.

Deighton, J., Romer, D., & McQueen, J. (1989). Using drama to persuade. *Journal of Consumer Research, 16*(3), 335-343.

DeWall, C. N., MacDonald, G., Webster, G. D., Masten, C. L., Baumeister, R. F., Powell, C., Combs, D., Schurtz, D., Stillman, T., Tice, D., & Eisenberger, N. I. (2010). Acetaminophen reduces social pain behavioral and neural evidence. *Psychological Science, 21*(7), 931-937.

Diehl, K., & Lamberton, C. (2008). Great expectations?! Assortment size, expectations and satisfaction. *Journal of Marketing Research, 47*(2), 312-322.

Dienstbier, R. A. (1989). Arousal and physiological toughness: Implications for mental and physical health. *Psychological Review, 96*(1), 84-100.

Dijksterhuis, A., & van Knippenberg, A. (1998). The relation between perception and behavior, or how to win a game of Trivial Pursuit. *Journal of Personality and Social Psychology, 74*(4), 865-877.

Drolet, A. L., & Morris, M. W. (2000). Rapport in conflict resolution: Accounting for how face-to-face contact fosters mutual cooperation in mixed-motive conflicts. *Journal of Experimental Social Psychology, 36*(1), 26-50.

Dutton, D. G., & Aron, A. P. (1974). Some evidence for heightened sexual attraction under conditions of high anxiety. *Journal of Personality and Social Psychology, 30*(4), 510-517.

Dunyon, J., Gossling, V., Willden, S., & Seiter, J. S. (2010). Compliments and purchasing behavior in telephone sales interactions. *Psychological Reports, 106*(1), 27-30.

Eisenberger, N. I., & Lieberman, M. D. (2004). Why rejection hurts: A common neural alarm system for physical and social pain. *Trends in Cognitive Sciences, 8*(7), 294-300.

Englich, B., Mussweiler, T., & Strack, F. (2006). Playing dice with criminal sentences: The influence of irrelevant anchors on experts' judicial decision making. *Personality and Social Psychology Bulletin, 32*(2), 188-200.

Epley, N., & Gilovich, T. (2006). The anchoring-and-adjustment heuristic: Why the adjustments are insufficient. *Psychological Science, 17*(4), 311-318.

Epley, N., & Whitchurch, E. (2008). Mirror, mirror on the wall: Enhancement in self-recognition. *Personality and Social Psychology Bulletin, 34*(9), 1159-1170.

Falk, A., & Kosfeld, M. (2006). The hidden costs of control. *The American Economic Review, 96*(5), 1611-1630.

Festinger, L., & Carlsmith, J. M. (1959). Cognitive consequences of forced compliance. *The Journal of Abnormal and Social Psychology, 58*(2), 203-210.

Fitzsimons, G. M., & Bargh, J. A. (2003). Thinking of you: Nonconscious pursuit of interpersonal goals associated with relationship partners. *Journal of Personality and Social Psychology, 84*(1), 148-164.

Fitzsimons, G. M., Chartrand, T. L., & Fitzsimons, G. J. (2008). Automatic effects of brand exposure on motivated behavior: How Apple makes you "think different." *Journal of Consumer Research, 35*(1), 21-35.

Foroni, F., & Semin, G. R. (2009). Language that puts you in touch with your bodily feelings: The multimodal responsiveness of affective expressions. *Psychological Science, 20*(8), 974-980.

Förster, J. (2003). The influence of approach and avoidance motor actions on food intake. *European Journal of Social Psychology, 33*(3), 339-350.

Freedman, J. L., & Fraser, S. C. (1966). Compliance without pressure: The foot-in-the-door technique. *Journal of Personality and Social Psychology, 4*(2), 195-202.

Friedman, R., & Elliot, A. J. (2008). The effect of arm crossing on persistence and performance. *European Journal of Social Psychology, 38*(3), 449-461.

Frieze, I. H., Olson, J. E., & Russell, J. (1991). Attractiveness and income for men and women in management. *Journal of Applied Social Psychology, 21*(13), 1039-1057.

Gandhi, B., & Oakley, D. A. (2005). Does 'hypnosis' by any other name smell as sweet? The efficacy of 'hypnotic' inductions depends on the label 'hypnosis.' *Consciousness and Cognition, 14*(2), 304-315.

Gawronski, B., Bodenhausen, G. V., & Becker, A. P. (2007). I like it, because

I like myself: Associative self-anchoring and post-decisional change of implicit evaluations. *Journal of Experimental Social Psychology, 43*(2), 221-232.

Glocker, M. L., Langleben, D. D., Ruparel, K., Loughead, J. W., Gur, R. C., & Sachser, N. (2009). Baby schema in infant faces induces cuteness perception and motivation for caretaking in adults. *Ethology, 115*(3), 257-263.

Gneezy, U., Meier, S., & Rey-Biel, P. (2011). When and why incentives (don't) work to modify behavior. *The Journal of Economic Perspectives, 25*(4), 191-209.

Gneezy, U., & Rustichini, A. (2000a). Pay enough or don't pay at all. *The Quarterly Journal of Economics, 115*(3), 791-810.

Gneezy, U., & Rustichini, A. (2000b). A fine is a price. *The Journal of Legal Studies, 29*(1), 1-17.

Goldsmith, K., Cho, E. K., & Dhar, R. (2012). When guilt begets pleasure: The positive effect of a negative emotion. *Journal of Marketing Research, 49*(6), 872-881.

Goldstein, N. J., & Cialdini, R. B. (2007). The spyglass self: A model of vicarious self-perception. *Journal of Personality and Social Psychology*, 92(3), 402-417.

Goldstein, N. J., Cialdini, R. B., & Griskevicius, V. (2008). A room with a viewpoint: Using social norms to motivate environmental conservation in hotels. *Journal of Consumer Research, 35*(3), 472-482.

Guéguen, N. (2009). Mimicry and seduction: An evaluation in a courtship context. *Social Influence, 4*(4), 249-255.

Guéguen, N., Martin, A., & Meineri, S. (2011). Mimicry and helping behavior: an evaluation of mimicry on explicit helping request. *The Journal of Social Psychology, 151*(1), 1-4.

Harmon-Jones, E. (2000). Cognitive dissonance and experienced negative affect: Evidence that dissonance increases experienced negative affect even in the absence of aversive consequences. *Personality and Social Psychology Bulletin, 26*(12), 1490-1501.

Hassin, R. R. (2008). Being open minded without knowing why: Evidence from nonconscious goal pursuit. *Social Cognition*, 26(5), 578-592.

Hildum, D. C., & Brown, R. W. (1956). Verbal reinforcement and interviewer bias. *Journal of Abnormal Psychology, 53*(1), 108-111.

Holland, R. W., Hendriks, M., & Aarts, H. (2005). Smells like clean spirit: Nonconscious effects of scent on cognition and behavior. *Psychological Science, 16*(9), 689-693.

Holland, R. W., Wennekers, A. M., Bijlstra, G., Jongenelen, M. M., & van Knippenberg, A. (2009). Self-symbols as implicit motivators. *Social Cognition, 27*(4), 579-600.

Houlfort, N., Koestner, R., Joussemet, M., Nantel-Vivier, A., & Lekes, N. (2002). The impact of performance-contingent rewards on perceived autonomy and competence. *Motivation and Emotion, 26*(4), 279-295.

Howard, D. J. (1990). The influence of verbal responses to common greetings on compliance behavior: The foot-in-the-mouth effect. *Journal of Applied Social Psychology, 20*(14), 1185-1196.

Huang, L., Galinsky, A. D., Gruenfeld, D. H., & Guillory, L. E. (2011). Powerful postures versus powerful roles: Which is the proximate correlate of thought and behavior? *Psychological Science, 22*(1), 95-102.

Huber, J., Payne, J. W., & Puto, C. (1982). Adding asymmetrically dominated alternatives: Violations of regularity and the similarity hypothesis. *Journal of Consumer Research, 9*(1), 90-98.

実際に参考文献を読む人がいるのか、ぼくにはわからない。もし、この隠れたメッセージに気づいたら、自分自身を褒めてあげてほしい。あなたの役に立つであろう非常に素晴らしい研究が、ここにある。

Iyengar, S. S., Jiang, W., & Huberman, G. (2004). How much choice is too much? Contributions to 401 (k) retirement plans. *Pension Design and Structure: New Lessons from Behavioral Finance.* Oxford: Oxford University Press, 83-96.

Jacob, C., Guéguen, N., Martin, A., & Boulbry, G. (2011). Retail sales-people's mimicry of customers: Effects on consumer behavior. *Journal of Retailing and Consumer Services, 18*(5), 381-388.

Jones, M. C. (1924). The elimination of children's fears. *Journal of Experimental Psychology, 7*(5), 382-390.

Jones, C. R., Olson, M. A., & Fazio, R. H. (2010). Evaluative conditioning: The

"how" question. *Advances in Experimental Social Psychology, 43*, 205-255.

Jostmann, N. B., Lakens, D., & Schubert, T. W. (2009). Weight as an embodiment of importance. *Psychological Science, 20*(9), 1169-1174.

Kawabata, H., & Zeki, S. (2004). Neural correlates of beauty. *Journal of Neurophysiology, 91*(4), 1699-1705.

Kenrick, D. T., Gutierres, S. E., & Goldberg, L. L. (1989). Influence of popular erotica on judgments of strangers and mates. *Journal of Experimental Social Psychology, 25*(2), 159-167.

Koenigs, M., & Tranel, D. (2008). Prefrontal cortex damage abolishes brand-cued changes in cola preference. *Social Cognitive and Affective Neuroscience, 3*(1), 1-6.

Kolenda N, McGinnis L, Glibkowski B. (2012). Knowledge transfer antecedents and consequences: A conceptual model. Working paper.

Krosnick, J. A., Betz, A. L., Jussim, L. J., Lynn, A. R., & Stephens, L. (1992). Subliminal conditioning of attitudes. *Personality and Social Psychology Bulletin, 18*(2), 152-162.

Kühn, S., Müller, B. C., van Baaren, R. B., Wietzker, A., Dijksterhuis, A., & Brass, M. (2010). Why do I like you when you behave like me? Neural mechanisms mediating positive consequences of observing someone being imitated. *Social Neuroscience, 5*(4), 384-392.

Lakin, J. L., Jefferis, V. E., Cheng, C. M., & Chartrand, T. L. (2003). The chameleon effect as social glue: Evidence for the evolutionary significance of nonconscious mimicry. *Journal of Nonverbal Behavior, 27*(3), 145-162.

Lakoff, G., & Johnson, M. (1980). The metaphorical structure of the human conceptual system. *Cognitive Science, 4*(2), 195-208.

Langer, E., Blank, A., & Chanowitz, B. (1978). The mindlessness of ostensibly thoughtful action: The role of "placebic" information in interpersonal interaction. *Journal of Personality and Social Psychology, 36*(6), 635-642.

Lee, A. Y., & Labroo, A. A. (2004). The effect of conceptual and perceptual fluency on brand evaluation. *Journal of Marketing Research, 41*(2), 151-165.

Lee, L., Frederick, S., & Ariely, D. (2006). Try it, you'll like it: The influence of expectation, consumption, and revelation on preferences for beer. *Psychological Science, 17*(12), 1054-1058.

Leippe, M. R., & Eisenstadt, D. (1994). Generalization of dissonance reduction: Decreasing prejudice through induced compliance. *Journal of Personality and Social Psychology, 67*(3), 395-413.

Lindgaard, G., Fernandes, G., Dudek, C., & Brown, J. (2006). Attention web designers: You have 50 milliseconds to make a good first impression! *Behaviour & Information Technology, 25*(2), 115-126.

Lynn, M., & McCall, M. (2009). Techniques for increasing servers' tips: How generalizable are they? *Cornell Hospitality Quarterly, 50*(2), 198-208.

MacInnis, D. J., Moorman, C., & Jaworski, B. J. (1991). Enhancing and measuring consumers' motivation, opportunity, and ability to process brand information from ads. *Journal of Marketing, 55*(4), 32-53.

Mackie, D. M., & Worth, L. T. (1991). Feeling good, but not thinking straight: The impact of positive mood on persuasion. *Emotion and Social Judgments, 23,* 210-219.

Macrae, C. N., & Johnston, L. (1998). Help, I need somebody: Automatic action and inaction. *Social Cognition, 16*(4), 400-417.

Madey, S. F., Simo, M., Dillworth, D., Kemper, D., Toczynski, A., & Perella, A. (1996). They do get more attractive at closing time, but only when you are not in a relationship. *Basic and Applied Social Psychology, 18*(4), 387-393.

Martin, P. Y., Hamilton, V. E., McKimmie, B. M., Terry, D. J., & Martin, R. (2007). Effects of caffeine on persuasion and attitude change: The role of secondary tasks in manipulating systematic message processing. *European Journal of Social Psychology, 37*(2), 320-338.

McClure, S. M., Li, J., Tomlin, D., Cypert, K. S., Montague, L. M., & Montague, P. R. (2004). Neural correlates of behavioral preference for culturally familiar drinks. *Neuron, 44*(2), 379-387.

McDaniel, M. A., Einstein, G. O., DeLosh, E. L., May, C. P., & Brady, P. (1995). The bizarreness effect: It's not surprising, it's complex. *Journal of Experimental Psychology: Learning, Memory, and Cognition, 21*(2), 422-435.

McFerran, B., Dahl, D. W., Fitzsimons, G. J., & Morales, A. C. (2010a). Might an overweight waitress make you eat more? How the body type of others is sufficient to alter our food consumption. *Journal of Consumer*

Psychology, 20(2), 146-151.

McFerran, B., Dahl, D. W., Fitzsimons, G. J., & Morales, A. C. (2010b). I'll have what she's having: Effects of social influence and body type on the food choices of others. *Journal of Consumer Research, 36*(6), 915-929.

McGuire, W. J. (1964). Inducing resistance to persuasion: Some contemporary approaches. *Advances in Experimental Social Psychology, 1*, 192-229.

Meier, B. P., & Robinson, M. D. (2004). Why the sunny side is up: Associations between affect and vertical position. *Psychological Science, 15*(4), 243-247.

Meston, C. M., & Frohlich, P. F. (2003). Love at first fright: Partner salience moderates roller-coaster-induced excitation transfer. *Archives of Sexual Behavior, 32*(6), 537-544.

Milgram, S. (1963). Behavioral study of obedience. *Journal of Abnormal and Social Psychology, 67*(4), 371-378.

Miller, G. (1956). The magical number seven, plus or minus two: Some limits on our capacity for processing information. *The Psychological Review, 63*(2), 81-97.

Miller, N., & Campbell, D. T. (1959). Recency and primacy in persuasion as a function of the timing of speeches and measurements. *Journal of Abnormal Psychology, 59*(1), 1-9.

Mita, T. H., Dermer, M., & Knight, J. (1977). Reversed facial images and the mere-exposure hypothesis. *Journal of Personality and Social Psychology, 35*(8), 597-601.

Mogilner, C., Rudnick, T., & Iyengar, S. S. (2008). The mere categorization effect: How the presence of categories increases choosers' perceptions of assortment variety and outcome satisfaction. *Journal of Consumer Research, 35*(2), 202-215.

Monahan, J. L., Murphy, S. T., & Zajonc, R. B. (2000). Subliminal mere exposure: Specific, general, and diffuse effects. *Psychological Science, 11*(6), 462-466.

Montoya, R. M., Horton, R. S., & Kirchner, J. (2008). Is actual similarity necessary for attraction? A meta-analysis of actual and perceived similarity. *Journal of Social and Personal Relationships, 25*(6), 889-922.

Morales, A. C., & Fitzsimons, G. J. (2007). Product contagion: Changing consumer evaluations through physical contact with "disgusting" products. *Journal of Marketing Research, 44*(2), 272-283.

Moreland, R. L., & Beach, S. R. (1992). Exposure effects in the classroom: The development of affinity among students. *Journal of Experimental Social Psychology, 28*(3), 255-276.

Murdock Jr., B. B. (1962). The serial position effect of free recall. *Journal of Experimental Psychology, 64*(5), 482-488.

Mussweiler, T., & Strack, F. (2000). Numeric judgments under uncertainty: The role of knowledge in anchoring. *Journal of Experimental Social Psychology, 36*(5), 495-518.

Nedungadi, P. (1990). Recall and consumer consideration sets: Influencing choice without altering brand evaluations. *Journal of Consumer Research, 17*(3), 263-276.

Nickerson, R. S. (1998). Confirmation bias: A ubiquitous phenomenon in many guises. *Review of General Psychology, 2*(2), 175-220.

Niedenthal, P. M., Barsalou, L. W., Winkielman, P., Krauth-Gruber, S., & Ric, F. (2005). Embodiment in attitudes, social perception, and emotion. *Personality and Social Psychology Review, 9*(3), 184-211.

Nuttin, J. M. (1985). Narcissism beyond gestalt and awareness: The name letter effect. *European Journal of Social Psychology, 15*(3), 353-361.

Ono, H. (1967). Difference threshold for stimulus length under simultaneous and nonsimultaneous viewing conditions. *Perception & Psychophysics, 2*(5), 201-207.

Parker, J. R., & Lehmann, D. R. (2011). When shelf-based scarcity impacts consumer preferences. *Journal of Retailing, 87*(2), 142-155.

Patall, E. A., Cooper, H., & Wynn, S. R. (2010). The effectiveness and relative importance of choice in the classroom. *Journal of Educational Psychology, 102*(4), 896-915.

Pelham, B. W., Carvallo, M., & Jones, J. T. (2005). Implicit egotism. *Current Directions in Psychological Science, 14*(2), 106-110.

Pelham, B. W., Mirenberg, M. C., & Jones, J. T. (2002). Why Susie sells seashells by the seashore: Implicit egotism and major life decisions. *Journal*

of Personality and Social Psychology, 82(4), 469-487.

Pepitone, A., & DiNubile, M. (1976). Contrast effects in judgments of crime severity and the punishment of criminal violators. *Journal of Personality and Social Psychology, 33*(4), 448-459.

Perdue, C. W., Dovidio, J. F., Gurtman, M. B., & Tyler, R. B. (1990). Us and them: Social categorization and the process of intergroup bias. *Journal of Personality and Social Psychology, 59*(3), 475-486.

Petty, R. E., & Cacioppo, J. T. (1984). Source factors and the elaboration likelihood model of persuasion. *Advances in Consumer Research, 11*(1), 668-672.

Petty, R. E., & Cacioppo, J. T. (1986). The elaboration likelihood model of persuasion. *Advances in Experimental Social Psychology* (Vol. 19) New York: Academic Press, 121-203.

Petty, R. E., & Cacioppo, J. T. (1990). Involvement and persuasion: Tradition versus integration. *Psychological Bulletin, 107*(3), 367-374.

Petty, R. E., Cacioppo, J. T., & Heesacker, M. (1981). Effects of rhetorical questions on persuasion: A cognitive response analysis. *Journal of Personality and Social Psychology, 40*(3), 432-440.

Plassmann, H., O'Doherty, J., Shiv, B., & Rangel, A. (2008). Marketing actions can modulate neural representations of experienced pleasantness. *Proceedings of the National Academy of Sciences, 105*(3), 1050-1054.

Pocheptsova, A., Labroo, A. A., & Dhar, R. (2010). Making products feel special: When metacognitive difficulty enhances evaluation. *Journal of Marketing Research, 47*(6), 1059-1069.

Quattrone, G. A., Lawrence, C. P., Finkel, S. E., & Andrus, D. C. (1984). Explorations in anchoring: The effects of prior range, anchor extremity, and suggestive hints. Unpublished Manuscript, Stanford University.

Reber, R., Schwarz, N., & Winkielman, P. (2004). Processing fluency and aesthetic pleasure: Is beauty in the perceiver's processing experience? *Personality and Social Psychology Review, 8*(4), 364-382.

Rhodes, G., Simmons, L. W., & Peters, M. (2005). Attractiveness and sexual behavior: Does attractiveness enhance mating success? *Evolution and Human Behavior, 26*(2), 186-201.

Rist, R. C. (1970). Student social class and teacher expectations: The self-ful-

filling prophecy in ghetto education. *Harvard Educational Review, 40*(3), 411-451.

Rogers, R. W., & Mewborn, C. R. (1976). Fear appeals and attitude change: Effects of a threat's noxiousness, probability of occurrence, and the efficacy of coping responses. *Journal of Personality and Social Psychology, 34*(1), 54-61.

Rucker, D. D., Petty, R. E., & Briñol, P. (2008). What's in a frame anyway? A meta-cognitive analysis of the impact of one versus two sided message framing on attitude certainty. *Journal of Consumer Psychology, 18*(2), 137-149.

Ryan, R. M. (1982). Control and information in the intrapersonal sphere: An extension of cognitive evaluation theory. *Journal of Personality and Social Psychology, 43*(3), 450-461.

Sanbonmatsu, D. M., & Kardes, F. R. (1988). The effects of physiological arousal on information processing and persuasion. *Journal of Consumer Research, 15*(3), 379-385.

Santos, M. D., Leve, C., & Pratkanis, A. R. (1994). Hey buddy, can you spare seventeen cents? Mindful persuasion and the pique technique. *Journal of Applied Social Psychology, 24*(9), 755-764.

Schachter, S., & Singer, J. E. (1962). Cognitive, social, and physiological determinants of emotional state. *Psychological Review*, 69(5), 379-399.

Schubert, T. W., & Koole, S. L. (2009). The embodied self: Making a fist enhances men's power-related self-conceptions. *Journal of Experimental Social Psychology, 45*(4), 828-834.

Schwartz, B. (2004). *The Paradox of Choice: Why Less is More*. New York: Ecco. ／バリー・シュワルツ『新装版 なぜ選ぶたびに後悔するのか──オプション過剰時代の賢い選択術』（瑞穂のりこ訳）

Schwarz, N., Bless, H., Strack, F., Klumpp, G., Rittenauer-Schatka, H., & Simons, A. (1991). Ease of retrieval as information: Another look at the availability heuristic. *Journal of Personality and Social Psychology, 61*(2), 195-202.

Schwarz, N., & Clore, G. L. (1983). Mood, misattribution, and judgments of well-being: Informative and directive functions of affective states. *Jour-*

nal of Personality and Social Psychology, 45(3), 513-523.

Seiter, J. S., & Dutson, E. (2007). The effect of compliments on tipping behavior in hairstyling salons. *Journal of Applied Social Psychology, 37*(9), 1999-2007.

Sherif, M. (1936). *The Psychology of Social Norms*. New York: Harper.

Shih, M., Pittinsky, T. L., & Ambady, N. (1999). Stereotype susceptibility: Identity salience and shifts in quantitative performance. *Psychological Science, 10*(1), 80-83.

Shiv, B., Carmon, Z., & Ariely, D. (2005). Placebo effects of marketing actions: Consumers may get what they pay for. *Journal of Marketing Research, 42*(4), 383-393.

Shultz, T. R., & Lepper, M. R. (1996). Cognitive dissonance reduction as constraint satisfaction. *Psychological Review, 103*(2), 219-240.

Sigall, H., & Ostrove, N. (1975). Beautiful but dangerous: Effects of offender attractiveness and nature of the crime on juridic judgment. *Journal of Personality and Social Psychology, 31*(3), 410-414.

Simons, D. J., & Levin, D. T. (1998). Failure to detect changes to people during a real-world interaction. *Psychonomic Bulletin & Review, 5*(4), 644-649.

Skinner, B. F. (1938). *The Behavior of Organisms: An Experimental Analysis*. New York: Appleton-Century-Crofts.

Skinner, B. F. (1948). Superstition in the pigeon. *Journal of Experimental Psychology, 38*(2), 168-172.

Snyder, M., Tanke, E. D., & Berscheid, E. (1977). Social perception and interpersonal behavior: On the self-fulfilling nature of social stereotypes. *Journal of Personality and Social Psychology, 35*(9), 656-666.

Stepper, S., & Strack, F. (1993). Proprioceptive determinants of emotional and nonemotional feelings. *Journal of Personality and Social Psychology, 64*, 211-220.

Strack, F., Martin, L. L., & Stepper, S. (1988). Inhibiting and facilitating conditions of the human smile: A nonobtrusive test of the facial feedback hypothesis. *Journal of Personality and Social Psychology, 54*(5), 768-777.

Strack, F., & Mussweiler, T. (1997). Explaining the enigmatic anchoring effect: Mechanisms of selective accessibility. *Journal of Personality and Social*

Psychology, 73, 437-446.

Strack, F., & Neumann, R. (2000). Furrowing the brow may undermine perceived fame: The role of facial feedback in judgments of celebrity. *Personality and Social Psychology Bulletin, 26*(7), 762-768.

Strick, M., van Baaren, R. B., Holland, R. W., & van Knippenberg, A. (2011). Humor in advertisements enhances product liking by mere association. *Psychology of Popular Media Culture*, 1, 16-31.

Thompson, D. V., & Chandon Ince, E. (2013). When disfluency signals competence: The effect of processing difficulty on perceptions of service agents. *Journal of Marketing Research, 50*(2), 228-240.

Townsend, C., & Shu, S. B. (2010). When and how aesthetics influences financial decisions. *Journal of Consumer Psychology, 20*(4), 452-458.

Tversky, A., & Kahneman, D. (1973). Availability: A heuristic for judging frequency and probability. *Cognitive Psychology, 5*(2), 207-232.

Tversky, A., & Kahneman, D. (1974). Judgment under uncertainty: Heuristics and biases. *Science, 185*(4157), 1124-1131.

Tversky, A., & Kahneman, D. (1981). The framing of decisions and the psychology of choice. *Science, 211*(4481), 453-458.

Tversky, A., & Kahneman, D. (1991). Loss aversion in riskless choice: A reference-dependent model. *The Quarterly Journal of Economics, 106*(4), 1039-1061.

Valins, S. (1967). Emotionality and information concerning internal reactions. *Journal of Personality and Social Psychology, 6*(4), 458-463.

van Baaren, R. B., Holland, R. W., Steenaert, B., & van Knippenberg, A. (2003). Mimicry for money: Behavioral consequences of imitation. *Journal of Experimental Social Psychology, 39*(4), 393-398.

Van Bavel, J. J., Packer, D. J., & Cunningham, W. A. (2008). The neural substrates of in-group bias: A functional magnetic resonance imaging investigation. *Psychological Science, 19*(11), 1131-1139.

Wansink, B., Kent, R. J., & Hoch, S. J. (1998). An anchoring and adjustment model of purchase quantity decisions. *Journal of Marketing Research, 35*(1), 71-81.

Wells, G. L., & Petty, R. E. (1980). The effects of overt head movements on

persuasion: Compatibility and incompatibility of responses. *Basic and Applied Social Psychology, 1*(3), 219-230.

White, G. L., Fishbein, S., & Rutsein, J. (1981). Passionate love and the misattribution of arousal. *Journal of Personality and Social Psychology, 41*(1), 56-62.

Whittlesea, B. W. (1993). Illusions of familiarity. *Journal of Experimental Psychology: Learning, Memory, and Cognition, 19*(6), 1235-1253.

Williams, K. B., Radefeld, P. S., Binning, J. F., & Sudak, J. (1993). When job candidates are "hard-" versus "easy-to-get": Effects of candidate availability on employment decisions. *Journal of Applied Social Psychology, 23*(3), 169-198.

Wilson, T. D., Houston, C. E., Etling, K. M., & Brekke, N. (1996). A new look at anchoring effects: Basic anchoring and its antecedents. *Journal of Experimental Psychology-General, 125*(4), 387-402.

Worchel, S., Lee, J., & Adewole, A. (1975). Effects of supply and demand on ratings of object value. *Journal of Personality and Social Psychology, 32*(5), 906-914.

Zajonc, R. B. (1968). Attitudinal effects of mere exposure. *Journal of Personality and Social Psychology, 9*, 1-27.

Zajonc, R. B. (2001). Mere exposure: A gateway to the subliminal. *Current Directions in Psychological Science, 10*(6), 224-228.

Zajonc, R. B., Murphy, S. T., & Inglehart, M. (1989). Feeling and facial efference: Implications of the vascular theory of emotion. *Psychological Review, 96*(3), 395-416.

Zaltman, G., & Zaltman, L. H. (2008). *Marketing Metaphoria: What Deep Metaphors Reveal About the Minds of Consumers*. Boston: Harvard Business Press.

■著者紹介
ニック・コレンダ（Nick Kolenda）
マインド・リーダー、心理学研究者。認知心理学の原理を用いて、無意識のうちに他人の思考に影響を与える独自の方法を編み出す。それを実践してみせる「マインド・リーディング」という革命的なショーを開催し、これまでに世界中の100万人以上の人々が見ている。
www.NickKolenda.com

■訳者紹介
山田文（やまだ・ふみ）
英語翻訳家。共訳書に『ヒルビリー・エレジー――アメリカの繁栄から取り残された白人たち』（光文社）、『呼び出された男』（早川書房）がある。

■翻訳協力：株式会社リベル

2017年10月3日 初版第1刷発行

フェニックスシリーズ ㊾

人《ひと》を操《あやつ》る説《せつ》得《とく》術《じゅつ》

――7ステップで誰でもあなたの思いのまま

著　者　ニック・コレンダ
訳　者　山田文
発行者　後藤康徳
発行所　パンローリング株式会社
〒160-0023　東京都新宿区西新宿7-9-18　6階
TEL 03-5386-7391　FAX 03-5386-7393
http://www.panrolling.com/
E-mail　info@panrolling.com
装　丁　パンローリング装丁室
印刷･製本　株式会社シナノ

ISBN978-4-7759-4182-9

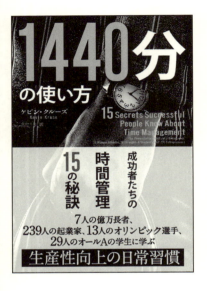